MONSIEUR ET MADAME

GUSTAVE NEUBURGER

PAR

CH.-M. LAURENT

PARIS

CHEZ TOUS LES LIBRAIRES

1882

MONSIEUR ET MADAME
GUSTAVE NEUBURGER

Paris. — Imp. Wattier et C°, 4, rue des Déchargeurs.

MONSIEUR ET MADAME

GUSTAVE NEUBURGER

PAR

CH.-M. LAURENT

PÉTITION

ADRESSÉE PAR L'AUTEUR

A MM. LES MEMBRES DE LA CHAMBRE DES DÉPUTÉS

MESSIEURS LES DÉPUTÉS,

Instruit des trames qui s'ourdissent contre la bourse du public dans tant d'odieux établissements formés au coin et sur le bord des rues avec devantures et programmes resplendissants, le législateur a voulu, par l'article 35 de la nouvelle loi sur la presse, que l'honnête homme pût dévoiler impunément les individus tarés qui s'embusquent ainsi parmi nous et font métier de détrousser les naïfs.

Ces « Flibustiers de la finance », ainsi qu'on les a déjà très-justement surnommés, ont porte-cochère à Paris, maison de campagne dans la banlieue, roulent carrosse, et parent leur femelle, légitime ou concubine, quelquefois leur complice, leurs enfants et eux-mêmes, des dépouilles qu'ils ont arrachées sous les yeux de la loi impuissante ou mal

1

appliquée. Les financiers qui ne volent pas à la Bourse les connaissent et ne peuvent faire autrement que de les tolérer tout en les méprisant, les autres, qui volent, les admirent et recherchent leur amitié pour tisser en commun des toiles plus étendues où se prendra plus sûrement l'argent du public.

La presse s'étonne quelquefois de ce que ces gens-là rencontrent toujours des dupes. Elle oublie que les hommes se renouvellent sans cesse, et en matière financière comme en toute autre n'acquièrent de l'expérience qu'à leurs dépens. La vraie question est de savoir si les lois qui nous régissent sont suffisantes en certains cas pour protéger l'inexpérience, et d'examiner comment il peut arriver que l'homme sincère se trouve tout-à-coup livré à un fripon sans que le magistrat se croie obligé d'intervenir.

Depuis longtemps la loi sur les négociations de Bourse au comptant et à terme a été jugée incomplète, funeste aux ignorants, c'est-à-dire à ceux qui ont besoin de protection, favorable aux coquins, c'est à-dire à ceux qui ont étudié à fond les moyens de mettre un juge dans l'embarras, et d'échapper à sa juridiction.

J'apporte aujourd'hui à l'appui le récit d'un fait qui a été vainement soumis à l'appréciation des tribunaux. S'il n'est pas, quand au fond, le premier de ce genre qui ait été commis à Paris, il n'en est peut-être pas un autre qui se soit perpétré avec le luxe et l'originalité de détails qui le caractérisent et qui le rendent digne d'édifier et de dérider à la fois et le public et les hauts représentants chargés de réglementer l'ordre social.

Me fondant sur ce cas et sur un trop grand nombre d'autres analogues, je demande, au nom de la sécurité commerciale, une révision de la loi concernant les effets de Bourse et la négociation des valeurs industrielles à terme et au comptant. Je demande principalement que l'achat et la vente de ces valeurs soient reconnus aussi légitimes à terme qu'au comptant, ainsi que cela a lieu pour toutes les autres marchandises. Et si, malgré les plaintes nombreuses qui s'élèvent quotidiennement, la nullité des opérations à terme doit être maintenue, je demande que, en tout cas, les valeurs ayant été l'objet de négociations au comptant ne puissent jamais être confondues avec les espèces ayant servi d'enjeu pour des opérations à terme : livrer à un escamoteur des titres au comptant régulièrement négociés sous prétexte que cet escamoteur a fait pour le compte du client des opérations à terme, couronnées de succès ou non, est un acte de singulière justice qui détruit les articles du Code de commerce établissant la légalité de l'achat et de la vente des valeurs troquées contre espèces sonnantes.

Trop souvent il est arrivé que des banquiers, coulissiers, courtiers-marrons, après avoir fait faire à des clients des opérations régulières au comptant, les ont déterminés à opérer aussi à terme, et, au moment de régler les bénéfices, leur ont dit : « Je garde pour moi non-seulement vos bénéfices à terme, mais aussi les bénéfices légitimes que vous avez réalisés par les négociations successives de vos titres au comptant, et comme ces titres eux-mêmes seront beaucoup mieux placés dans mon portefeuille que dans le vôtre, je les y laisse. » Les clients s'adressent aux tribunaux et voient avec stupéfaction ceux-ci leur déclarer que l'affaire ne les regarde pas. Il y a donc incontestablement dans la loi une lacune favorable aux abus les plus odieux. Votre sagesse, Messieurs les députés, la comblera sans aucun doute.

Mais supporterez vous, depuis le temps que la jurisprudence interprète la loi comme je l'ai expliqué, que tant d'escrocs aient pu s'approprier impunément le bien d'autrui, et ne leur imposerez-vous pas la restitution de ce bien en donnant sur certains points à la nouvelle loi une action rétrospective jusqu'à concurrence du temps ordinaire de la prescription ? Il serait inique assurément de voir ces misérables continuer à jouir en paix et indéfiniment du fruit de leurs rapines.

Si vous ne voulez point proclamer la légalité des opérations à terme, vous empêcherez du moins les abus et vous protégerez l'ignorant contre le roué en décidant que désormais le juge, qui ne doit pas connaître des affaires à terme, ne doit pas non plus connaître de la couverture : si donc on lui présente une réclamation fondée sur des reçus ou des lettres commerciales établissant une créance, il fera droit au créancier, sans avoir à rechercher si l'on a joué à terme ou si l'on a pas joué, puisque, dit-il, les questions de jeu échappent à sa compétence. Et en ordonnant que cette nouvelle disposition ou plutôt cet éclaircissement de la loi soit applicable au passé aussi bien qu'à l'avenir, vous aiderez à réparer bien des erreurs et vous faciliterez son œuvre à la justice.

Telles sont les considérations générales et particulières sur lesquelles j'ai cru nécessaire d'appeler votre attention.

Veuillez agréer, Messieurs les députés, l'assurance de mon profond respect.

CH.-M. LAURENT.

MONSIEUR ET MADAME
GUSTAVE NEUBURGER

Idylle financière

I

LE CRÉDIT LOCATIF DE FRANCE

Je vais vous conter, mes très chers, de quelle manière je fus amené à faire cadeau, bien malgré moi, d'une somme de soixante et onze mille deux cent soixante-sept francs vingt centimes à un brave banquier de mes amis, qui possédait une nombreuse famille.

Pendant les premières années de mon séjour à Paris, années de rudes expériences, de durs labeurs, il m'était arrivé quelquefois d'avoir un peu d'argent à placer. Je demeurais bien loin du quartier de la Bourse et des parages où sont établis tous les bureaux d'agents de change. Mon travail quotidien ne me laissait pas de loisirs; les grandes sociétés financières aux nombreuses succursales n'étaient pas encore inventées ; je me trouvais donc obligé de m'adresser, pour le placement de mes fonds, à de simples changeurs. Or, il en est des changeurs comme des champignons : beaucoup sont vénéneux.

Je dois cependant à la vérité de dire que, malgré toutes les histoires d'empoisonnement qui de temps à autre se mettent à courir sur leur compte, je leur confiai pendant douze ans des titres et des espèces sans avoir eu à me plaindre de leur fidélité.

En l'an de grâce 1874, je disposais de plusieurs milliers de francs. J'habitais alors le quartier latin. J'avais remarqué pas très loin de chez moi, à l'angle de la rue Mazarine et de la rue de Buci, un établissement financier composé de trois corps de magasin : *Numero Deus impari gaudet*. Celui du milieu faisait l'angle, avec crochet en retour sur la rue Mazarine. Aux vitrines, derrière lesquelles scintillaient les pièces d'or mêlées aux effets de Bourse, on lisait en lettres dorées : BANQUE ET CHANGE, et au-dessus de la porte d'entrée s'épanouissait en majuscules de belle taille cette inscription : CRÉDIT LOCATIF DE FRANCE, *Avances aux propriétaires*.

A droite de l'officine, sur la rue de Buci, s'ouvrait une dépendance où se débitaient des objets de bijouterie, des montres d'or et d'argent, des chaines, des bagues, des pendeloques et toutes sortes de pièces en métal précieux montées et ciselées avec art. A gauche, sur la rue Mazarine, s'étendait un troisième local qui offrait aux regards du public, à travers une grande vitre d'une seule pièce, des tableaux de diverses dimensions et de plus ou moins de valeur, signés parfois de noms connus.

Vivent les esprits actifs et industrieux ! Il doit y avoir là-dedans, me disais-je, toutes les fois que je passais autour de la maison, un homme intelligent, capable, laborieux, habile à mener de front plusieurs affaires. Dès que j'aurai quelque argent à mettre en culture, je crois que je pourrai m'adresser ici en toute sécurité.

Or, au commencement de l'année sus-mentionnée, je me décidai à franchir le seuil du *Crédit locatif de France*, ayant dans mon portefeuille une quantité de titres au porteur dont l'ensemble formait une valeur de sept à huit mille francs. La porte refermée, je me trouvai de plain-pied dans le bureau du change : un grillage en fils de fer, appuyé sur un support en chêne et agrémenté çà et là de rideaux verts séparait, selon l'usage, les employés de l'espace étroit réservé au public. Deux guichets servaient de points de communication entre les mains qui apportaient les valeurs et celles qui les recevaient. Quelques clients, les uns debout auprès des guichets, les autres assis sur un banc contre le mur, attendaient à tour de rôle que leur affaire fût expédiée. Mon tour vint : je livrai mes titres avec ordre de les vendre à la Bourse du jour, au cours moyen, et il m'en fut délivré un reçu en bonne forme. Je passai en même temps l'ordre de les remplacer par l'achat d'un certain nombre de valeurs.

En me retournant pour gagner la porte, je faillis me heurter à un petit homme aux jambes grêles, au dos légèrement irrégulier. Sa tête était quelque peu enfoncée dans ses épaules dont l'une semblait plus haute et plus anguleuse que l'autre. Il avait le teint pâlot, les yeux gris-bleu, chassieux, bordés de cils blonds ; les cheveux et surtout la barbe tirant quelque peu sur le roux : c'était le type juif, non pas dans sa mâle et originale beauté, mais pas tout à fait non plus dans son extrême laideur ; avec cela quelque chose d'ouvert et d'avenant dans la physionomie.

Il causait familièrement avec une jolie brunette qui se dirigea vers la porte ; ils en occupèrent un moment le seuil, puis se séparèrent après avoir échangé un salut amical. La dame disparut par la rue Mazarine ; le petit homme rentra dans le change, le traversa d'un bout à l'autre, et s'éloigna dans les profondeurs d'un escalier qui, à l'autre bout de l'office, conduisait à l'étage supérieur.

Voilà sans doute, pensai-je, un employé principal ou peut-être le chef de la maison qui reconduit une de ses plus aimables clientes.

II

COMMERCE ET OPÉRATIONS LÉGITIMES

Les valeurs que j'avais achetées ayant monté quelques jours après d'une vingtaine de francs. je m'empressai de les revendre. Puis je recommençai une opération du même genre qui me réussit aussi bien. Je trouvais fort agréable d'augmenter avec tant de facilité mes modestes revenus : une visite au guichet, le temps de passer un ordre, et l'affaire était faite.

Je pris goût à la chose et renouvelai souvent mes ventes et mes achats. La maison du *Crédit locatif de France* exécutait ponctuellement mes ordres et réglait avec exactitude. Je m'étais laissé entraîner à mettre en roulement, par l'intermédiaire de cette maison, en opérations de bourse très-légales, une quinzaine de mille francs tant en valeurs qu'en espèces.

Je revoyais de temps en temps le petit homme du premier jour. Je sus bientôt par les employés qu'il n'était autre que M. Gustave Neuburger, le maître de la maison, et que la jolie brunette était sa femme. Il en avait eu quatre enfants, encore en bas-âge, dont le dernier traversait quelquefois l'officine, porté sur les bras de sa nourrice. M. Neuburger avait aussi le bonheur de conserver sa mère, bonne vieille à l'aspect vénérable, qui paraissait fière de son fils : ce dernier lui témoignait son attachement et son respect filial par des attentions affectueuses et pleines de déférence qui ne sentaient en rien la parade ou l'affectation. Spectacle intéressant d'une famille unie, bien fait pour toucher, et pour inspirer la confiance !

Elevé à la Bourse, dès l'âge le plus tendre, sur les genoux des agents de change et des coulissiers, homme expert s'il en fut, nourri dans le sérail et en connaissant les détours, susceptible de dévouement et capable de pousser loin les affaires de ceux de ses clients qui réussissaient à gagner son amitié et voulaient bien lui confier leurs intérêts, M. Gustave Neuburger passait pour avoir déjà réalisé une belle fortune, et être en voie de l'augmenter considérablement.

Il m'avait peu à peu remarqué ; il me saluait avec politesse, je lui rendais ses saluts avec non moins d'urbanité ; il est évident que ma figure lui allait ; la sienne, en dépit de ses imperfections, ne me déplaisait pas non plus. Je lui donnais quelquefois directement mes ordres ; il chargeait lui-même d'un ton affable l'employé d'en prendre note. Je lui demandai deux ou trois fois des renseignements sur certaines valeurs, il m'en fournit d'exacts, j'opérai en conséquence, et je m'en trouvai bien.

III

LA TENTATION

— Acheter quand les fonds sont en baisse, revendre quand ils sont en hausse, c'est là tout le secret, — me dit-il un jour, lorsqu'une certaine familiarité se fut établie entre nous, — mais encore faut-il savoir agir au bon moment. Du reste vous vous y prenez très-bien.

— On pourrait s'y prendre mieux, répondis-je avec modestie.

— Mais non, mais non... Vous vous y entendez.

— Heu, heu !

— Pendant que j'y pense... dites-moi donc... pourquoi n'essayeriez-vous pas quelques opérations à terme ?

A ce mot de *terme*, un éblouissement me passa sur les yeux : j'entrevis comme un tourbillonnement effroyable de fortunes englouties, de fronts pâles, effarés, roulant sur les degrés de la Bourse, et de cervelles sautant sous la gueule d'un revolver, dispersées aux quatre-vents.

— A terme ! répliquai-je en frissonnant, j'ai entendu parler de cela ; mais j'ignore complètement en quoi consiste ce genre d'opérations. Il paraît que c'est très dangereux.

— C'est selon ! Acheter en baisse, vendre en hausse, ce n'est pas malin ! du coup d'œil, de la prudence, se dégager à temps, avec cela il n'y a rien à craindre.

— Je préfère ne pas m'y risquer !

— C'est que, voyez-vous, en opérant à terme, vous vous épargnerez l'embarras de déplacer aussi souvent vos capitaux, et au lieu de gagner en un mois une centaine de misérables francs, vous pourrez compter vos bénéfices par billets de mille francs, deux mille et plus.

— Oui ; mais si je viens à compter au rebours ?

— Comment ?

— C'est-à-dire à perdre ?

— Bah ! on se fait reporter, et on se rattrape le mois suivant.

— Reporter ?

— Oui ; vous ne comprenez pas ?

— Ma foi, non !

M. Neuburger partit de là pour m'expliquer de fond en comble tout le mécanisme des opérations à terme.

Acheter ou vendre des valeurs que l'on n'a pas au cours du jour où l'affaire se traite ; revendre en hausse les valeurs achetées, racheter en baisse les valeurs vendues ; réaliser ainsi bénéfice d'un côté, bénéfice de l'autre. Sans doute on ne réussissait pas constamment ; mais avec un peu d'habileté, la somme des opérations heureuses était le plus souvent de beaucoup supérieure à celle des tentatives avortées ; et c'était à chaque liquidation avec un charme toujours nouveau que, en établissant la balance des profits et pertes, on voyait arriver entre ses mains les différences rondelettes payées par ceux qui avaient accepté la contre-partie.

— Il y a aussi, conclut M. Neuburger, le système qui consiste à acheter des primes ; on limite sa perte il est vrai, si la baisse survient ; mais on achète beaucoup plus cher : cela ne mène pas à grand'chose. Tout ce que je vous en dis, cher Monsieur, c'est uniquement dans votre intérêt. Vous réfléchirez.

Je remerciai M. le directeur du *Crédit locatif de France* avec le parti arrêté de ne point aborder ce genre d'opérations. Mais chemin faisant je ne pus m'empêcher d'y penser, et quand je revis mon homme dans le courant de la semaine, je lui demandai quelques nouvelles explications qu'il me fournit aimablement.

IV

Dès que je fus bien initié aux secrets et aux règles de l'achat à terme et de la vente à découvert,
j'essayai, avant de m'engager, quelques opérations
en blanc. Je méditai les cours de la Bourse et les
bulletins financiers publiés chaque jour par les
journaux ; je notai quelques valeurs que j'achetai ou
vendis en imagination, et je vis au bout de quelques jours que si j'avais été acheteur ou vendeur en
réalité, j'aurais pu encaisser de très jolis bénéfices.

Le succès de cette épreuve m'enhardit. J'allai
trouver M. Neuburger.

— J'ai bien envie d'essayer, lui dis-je, seulement
je ne voudrais pas pour cela renoncer à mes opérations au comptant.. Votre agent de change, quand
vous lui transmettrez mes ordres, exigera sans doute
que mes valeurs soient converties en espèces pour
lui servir de couverture.

— Point du tout ! J'ai plusieurs agents ; grâce à
ma situation de fortune, et à la quantité d'affaires
que je traite, je jouis chez eux d'un crédit illimité.

Vos titres resteront à votre disposition ; vous pourrez les vendre, les racheter, les retirer comme et quand bon vous semblera.

Cette complaisance extrême ne laissa pas que d'exciter un peu ma méfiance.

— Mais vous, objectai-je encore, quels seront donc vos avantages? car je ne suppose pas que vous alliez vous amuser à transmettre mes ordres uniquement pour le plaisir de m'être agréable.

— Parbleu, n'avons-nous pas notre part dans les commissions? Tous les jours nous transmettons à l'agent des brassées d'ordres de ventes et d'achats : l'agent touche la commission pour la plus forte série, soit pour les achats quand ceux-ci sont les plus nombreux ; nous faisons payer à nous-mêmes par nos clients les commissions de l'autre série, soit des ventes : le lendemain il arrive que c'est l'inverse. Allez ! nous nous faisons de jolis mois, et c'est là le plus clair de nos bénéfices ! Plus nous brassons d'affaires, mieux nous nous portons, et notre crédit augmente d'autant.

Cela me paraissait très plausible, et c'est en effet ainsi que cela se passe dans les honnêtes maisons. Je n'eus plus aucun scrupule, et je brûlai de m'enrichir.

Parmi les valeurs qui, d'après les allures de la spéculation, semblaient appelées à un forte hausse, j'avais distingué les actions des chemins de fer espagnols.

— Achetez-moi fin courant 50 Pampelune.

— Parfaitement !

— Mais je veux m'en tenir là, et être prudent pour commencer.

— Vous avez bien raison. Il faut vous habituer peu à peu. Plus tard vous prendrez un essor plus hardi.

Cependant, comme il n'est si bonne valeur qui tienne, je n'étais pas sans avoir quelquefois de l'inquiétude sur l'avenir de ma première opération à terme. Je calculai avec désagrément qu'une baisse de seulement vingt francs en liquidation m'enlèverait du coup un billet de mille !

Je courus au *Crédit locatif.*

— Dites donc, M. Neuburger, si, en même temps que je suis acheteur je me mettais vendeur de quelque chose ? Mais de quelque chose... là... où il y aurait des chances de baisse ? En cas de débâcle, je rattraperais sur cette nouvelle affaire tout ce que je pourrais perdre sur mes Pampelune, et même davantage.

— Pas mal imaginé ; acheteur et vendeur à la fois une opération couvre l'autre.

— N'est-ce pas ?

— Tenez ! le Mobilier espagnol vient de monter d'une centaine de francs, voulez-vous en vendre vingt-cinq ?

— Hum ! c'est une valeur que l'on chauffe rudement ; elle serait de force à me jouer un vilain tour.

— Bah ! c'est quand les journaux sont le plus à la hausse qu'il faut le plus croire à la baisse.

— Alors, vous pensez que le Mobilier espagnol...

— Je ne vous garantis rien. Il a énormément monté, il y a gros à parier qu'il descendra.

— Eh bien ! vendez-en vingt-cinq.

— Je crois que vous ne courez pas grand risque. Si le Pampelune vient à monter, et l'Espagnol à baisser, vous recueillerez en liquidation double bénéfice. Votre position est excellente : c'est ce qui s'appelle être à cheval.

— Oui ; mais si c'est le Pampelune qui baisse et l'Espagnol qui monte, j'aurai double perte et, bien loin d'être à cheval, je me trouverai entre deux selles.

M Neuburger ne put s'empêcher de rire.

— Allez, allez ! il ne faudra pas vous inquiéter pour si peu... Et puis ce sera réparable... Au revoir, cher Monsieur.

— Bonjour, M. Neuburger.

V

L'HORIZON S'ASSOMBRIT

Le lendemain de ma vente à découvert de vingt-cinq Mobilier espagnol, cette valeur fit en avant un bond d'une vingtaine de francs, tandis que le Pampelune baissait de quelques unités. Le surlendemain, nouveau bond de l'Espagnol, puis liquidation : me voilà nettoyé de douze cents francs.

Je me présente au médecin :

— Que dites-vous de çà ?

— Faites-vous reporter : on s'attend à une baisse après la liquidation, vous regagnerez tout en deux ou trois bourses.

— J'aimerais mieux liquider, retourner ma position, de vendeur devenir acheteur.

— Imprudence, imprudence extrême !

— Cependant...

— Je suis à vos ordres, mais je ne vous le conseille pas.

— Eh bien ! reportez... Demain je vous apporterai la somme dont je suis débiteur, afin de payer tout de suite l'agent de change.

— Vous moquez-vous? gardez donc votre argent. Je ferai les avances nécessaires, et cela se trouvera remboursé à la prochaine liquidation.

Je compris que M. Neuburger voulait réparer sa bévue à force d'amabilités. Malheureusement, à l'approche de la nouvelle liquidation, le satané Espagnol se mit de nouveau à opérer en avant une multitude de bonds vertigineux.

— Voyez-vous, ça monte !

— C'est vrai.

— Je vous l'avais bien dit !

— Ça redescendra ; mais ne perdez pas la tête.

— Retournez ma position, et achetez-en cinquante.

— Malheureux ! si vous n'avez pas plus de calme que ça, vous finirez par vous ruiner.

— Mais enfin...

— Et si la baisse arrive, serez-vous à votre aise avec votre nouvel achat ? Vous perdrez à la descente autant que vous avez perdu à la montée.

Je sentais tout ce qu'il y avait de vrai dans les objections de M. Neuburger. Je n'osais prendre aucun parti. J'attendis la liquidation avec angoisse. La hausse avait continué, furibonde, insensée : je fus écorché de plusieurs milliers de francs, malgré quelques jolis bénéfices que j'avais réalisés par mes opérations au comptant, lesquelles allaient toujours leur train.

Oh ! que je m'en voulais de m'être engagé dans cette bagarre ! Je n'étais pas content de

M. Neuburger. Je l'envoyais à tous les diables. Puis je me reprochais mon ingratitude : ce brave homme, après tout, n'avait voulu que mon bien. Il s'était trompé, cela peut arriver au plus malin ! il paraissait même très contrarié.

— Ecoutez ! me dit-il, allez, marchez, faites ce que vous voudrez. Tout le monde y peut être pris ; je ne suis pas infaillible. Je préfère désormais vous laisser à votre inspiration.

Il eût mieux fait de m'y laisser plus tôt ! En attendant, restait la carte à payer. M. Neuburger eut encore la délicatesse d'avancer les fonds. Je n'en étais pas moins tenu à lui en opérer le remboursement. J'avais une grande envie de renoncer à tout jamais aux affaires à terme ; mais je ne pouvais me décider à débourser immédiatement les trois à quatre mille francs que je lui devais.

Ce que la Bourse m'a enlevé, me disais-je, la Bourse peut me le rendre. Quand je m'abandonne à ma seule impulsion, je réussis ; mes opérations au comptant en sont la preuve : opérons à terme ainsi qu'au comptant, et je me serai bientôt libéré envers M. Neuburger.

VI

UNE ÉCLAIRCIE

Je modifiai ma position en conséquence, et j'eus le courage d'acheter du Mobilier espagnol même après la hausse énorme qui s'était produite. Cette hardiesse me porta bonheur, et je diminuai ma dette envers M. Neuburger, mais de plusieurs centaines de francs seulement.

Sur ces entrefaites, j'eus à voyager en Bretagne. Je n'interrompis pas pour cela mes opérations : le journal ouvert, une dépêche envoyée aussitôt, et tout marchait à souhait. Mon aimable et obligeant correspondant m'avait donné la promesse formelle de me seconder et de m'aviser, dès qu'il y aurait une bonne mesure à prendre ou quelque danger à courir dont il serait prudent de se garer. Et, en effet, il me faisait écrire par son caissier.

Le 7 août 1874,

Soyez persuadé que M. Neuburger surveille votre position et fera toutes vos opérations au mieux de vos intérêts.

Le 24 août,

Monsieur Neuburger ne vous a pas acheté les Banque Ottomane trouvant qu'au moment où il a reçu votre dépêche elles étaient trop haut.

Le 27 août,

Rien de nouveau sur les Franco-Egyptienne ; s'il se fait un mouvement nous vous aviserons.

Il paraît que sur le nombre des dépêches que j'expédiai à Paris, quelques-unes arrivèrent trop tard, ce qui me fit manquer deux ou trois bonnes affaires. Je me plaignis amèrement.

Monsieur Neuburger est désolé de voir que vous êtes toujours prêt à supposer que vos ordres sont mal exécutés.

Réponse qui me fut adressée à la date du 11 septembre.

Je fus fâché d'avoir fait de la peine à ce brave homme ; je tâchai d'envoyer mes dépêches plus tôt. Les choses, en somme, finirent par tourner au gré de mes désirs.

En six semaines, du 15 septembre au 31 octobre, j'avais regagné environ six mille francs. Dans huit jours, j'allais rentrer à Paris, me liquider envers M. Neuburger, renoncer aux opérations à terme, et ne plus m'occuper que d'affaires au comptant. Mais la malechance devait s'en mêler encore une fois.

VII

GIBOULÉES ET SOLEILS

En attendant ma rentrée à Paris, je me maintenais acheteur sur quelques valeurs, lorsque l'horizon financier se rembrunit tout à coup : la veille, temps splendide, pas un nuage, fusées de hausse aux quatre points cardinaux ; le lendemain, averses, grêle, tonnerre, à engloutir tous les portefeuilles de France et de Navarre.

Ayant pris le train de Lorient à Nantes avant l'heure d'arrivée du courrier, je manquai les journaux dont les nouvelles eussent pu m'avertir. Quand je les lus, il était trop tard. Je me trouvai englobé dans une forte baisse, et en arrivant à Paris, j'étais une fois de plus débiteur envers M. Neuburger, d'une couple de mille francs.

Pour arriver à me dégager encore je ne voyais pas d'autre biais que de continuer ces satanées opérations à terme. Je pris les plus sages mesures.

M. Neuburger m'ayant fait quelques objections sur mon absence de couverture, je l'invitai à déposer chez l'un de ses agents de change, M. Rublot, ce qu'il voudrait de mes titres pour servir de garantie à mes opérations. Il le fit ou du moins me déclara l'avoir fait en réservant à mon profit la faculté de les vendre et de les racheter à ma guise. J'étais inscrit sur les livres de l'agent; tous les ordres se transmettaient ou devaient se transmettre en mon nom personnel.

Ces dispositions réglées, je passai de Paris même, par dépêches ou par lettres, plusieurs ordres à mon intermédiaire; il n'en fit exécuter qu'une partie. Il m'écrivit, le 12 novembre :

Il est impossible de faire les Franco-hollandaise ; à cause du déport qui est énorme les agents n'acceptent plus d'ordres sur cette valeur.

Et le 1er décembre :

Il nous a été impossible de faire davantage; les agents se montrent exigeants en ce moment, et ils n'acceptent de tels ordres qu'avec force couverture.

Or, l'exécution de tous ces ordres m'eût été extrêmement avantageuse.

Que dire? De telles raisons me semblaient des défaites, et je croyais entrevoir que M. Neuburger s'était refroidi à mon endroit. Pourquoi? Evidemment parce que, au lieu d'aller avec lui, comme auparavant, causer intimement de mes affaires et de mes projets de bourse, je préférais employer le télégraphe et la poste pour lui communiquer froidement mes ordres. Mais ses conseils, dans leur ensemble, m'avaient été beaucoup plus nuisibles qu'utiles; il était donc bien naturel que je voulusse prendre seul la direction de mes intérêts; n'importe, cet homme était froissé que je parusse désormais douter de son habileté. Je m'attachai à le convaincre qu'il avait toujours toute ma confiance. Je le suppliai de m'accorder le même crédit qu'autrefois, et je lui donnai l'assurance que, dans le cas où la chance me favoriserait, je lui laisserais tout ce qu'il voudrait, des espèces devant me revenir afin de me former une large couverture pour mes opérations à terme : je lui fournis en même temps la preuve que, en cas de malechance, je possédais, en dehors de mes titres et valeurs, de quoi faire honneur à mes engagements.

M. Neuburger redevint très aimable, transmit régulièrement tous mes ordres, et je pris une si vigoureuse position que, après quelques péripéties, les liquidations du 16 février et du 1er mars 1875 amenèrent pour mon compte dans la maison du *Crédit locatif de France* la somme relativement considérable de *vingt-trois mille quatre cent quatre-vingt-six francs*. M. Neuburger voulut bien me laisser prendre là-dessus huit milliers de francs avec lesquels j'achetai au comptant, toujours par son intermédiaire 50 actions du Pampelune : le reste alla chez l'agent remplacer les valeurs que j'y avais fait déposer, et me servit de couverture en espèces pour une nouvelle série d'opérations.

VIII

Après un tel succès, je ne pouvais décemment rompre avec M. Neuburger, renoncer aux affaires à terme, et par suite le priver avec ingratitude des cinq à six cents francs de commission qui lui revenaient par mois à la su.te des opérations que je traitais.

Ce temps-là fut, du reste, le plus beau de mes relations avec cet homme de bien.

J'avais cessé de passer mes ordres en bas, à l'officine : je n'allais plus qu'au premier étage où M. Neuburger me recevait dans son cabinet, comme un client de premier ordre, et j'y avais accès à toute heure du jour.

Là je revis souvent la jolie brunette que j'avais remarquée lors de ma première visite, et qui n'était autre, je crois l'avoir déjà dit, que Madame Neuburger elle-même.

Elle se tenait habituellement assise près du bureau de son mari, son coude nu appuyé sur le tapis et sa main potelée soutenant sa joue rose, sous laquelle se repliaient l'annulaire et le petit doigt ornés de diamants et de rubis : je n'aurais pas osé jurer que ces pierres fussent de bon aloi, cependant elles me parurent telles, ainsi que la personne qui les portait. .

La blancheur de son bras, aux contours arrondis était rehaussée par l'or de maint bracelet élégamment et finement travaillé, et par la guipure d'un flot de dentelles qui s'échappait de la manche aux environs du coude.

Sa gorge, légèrement découverte, grassouillette, formait avec le bras une harmonie irréprochable. Quoique marié et père de famille, je prenais (que ma femme me pardonne!) quelque plaisir à considérer tous ces charmants détails, et je ne pouvais m'empêcher de trouver que M. Neuburger était un heureux mortel.

Une demi-douzaine d'années se sont écoulées depuis que cette fraîche image s'est plusieurs fois épanouie à mes regards ; je souhaite sincèrement que le temps n'y ait point apporté de trop cruels dégâts.

Madame Neuburger daigna quelquefois me donner des conseils en matière financière. Elle était juive comme son mari, et prétendait s'y connaître.

— Achetez donc des Autrichiens, me disait-elle de sa voix argentine, c'est une si bonne valeur !

Mais j'avais remarqué depuis longtemps que les Autrichiens n'éprouvaient à la Bourse que des oscillations insignifiantes. Or, pour opérer fructueusement à terme, il faut s'engager sur des valeurs sujettes à des mouvements sérieux, et non point sur celles qui ne remuent non plus qu'une souche.

Cela n'empêchait pas Mme Neuburger de me répéter, quand je venais m'entendre avec Monsieur sur les opérations à tenter.

— Prenez donc des Autrichiens !

Elle jouait aussi à la Bourse. Elle allait en coupé avec son mari jusqu'aux limites du Temple. Ils ne sortaient point de leur voiture qui stationnait à l'entrée de la rue de la Banque. Un factotum aux habits râpés et au linge sale leur apportait les cours: ils les examinaient, écrivaient leurs ordres au crayon sur de petits carrés de papier, et par cet intermédiaire les transmettaient à l'agent de change.

Je pris avec eux quelquefois rendez-vous sur ce point. J'avais rétréci le cercle de mes occupations, et je pouvais disposer de quelques loisirs. Debout, près de la portière de leur coupé, je donnais aussi un coup d'œil aux cours quand le factotum arrivait, et le chargeais ensuite de quelques ordres. Mais je n'aimais pas cette manière de procéder ; je préférais, mes journaux sous les yeux, étudier la situation politique et financière dans le silence du cabinet, découvrir le vrai à travers le faux, et me déterminer en conséquence.

Je n'en tiens pas moins à exprimer ici ma reconnaissance à la gracieuse Mme Neuburger pour les quelques bons petits offices qu'elle a essayés de m'octroyer.

IX

LA PREMIÈRE ÉTAPE VERS LE MILLION

Fin février 1875 je m'étais trouvé, ainsi que je l'ai raconté plus haut, crédité chez M. Neuburger d'une somme de *vingt-trois mille quatre cent quatre-vingt-six francs*. La liquidation du 15 mars m'amena dans un nouveau coup de filet, un superbe bénéfice de *trente-six mille six cent soixante-dix francs soixante-cinq centimes*.

— Malepeste ! me dit M. Neuburger, vous êtes un maître. Votre habileté m'a inspiré depuis quelque temps un projet que je désire mettre à exécution. Le *Crédit locatif*, qui n'est encore qu'aiglon se prépare à prendre de l'envergure, et va sous peu devenir un aigle. Voici des lettres de quelques honorables bonnets de la politique et de la finance qui m'encouragent de leurs sympathies et de leur confiance. Voulez-vous être des nôtres ?

— Quelle doit être l'adhésion que je pourrais vous apporter ? De quelle nature, de quelle étendue ?

— Vous m'avez promis de me confier pour être

déposée chez l'agent, à titre de couverture, la majeure partie des bénéfices que vous réaliseriez par mon intermédiaire. Convertissez ces espèces en titres du *Crédit locatif* ; elles n'en serviront pas moins sous cette dernière forme à couvrir vos opérations à terme. Je suis en voie de refondre notre Société et de la doter d'un nouveau Conseil d'administration : j'ai compté sur vous pour en être membre. Cela vous va-t-il ?

— Je vous ai promis, en effet, répondis-je à M. Neuburger, de vous confier une partie de mes bénéfices, et je réalise ma promesse séance tenante en souscrivant à cinquante actions de cinq cents francs de votre *Crédit locatif*, payables une moitié immédiatement le reste avec mes bénéfices futurs, si vous me secondez dans mes opérations. Quant à accepter de faire partie de votre Conseil, c'est une autre affaire et qui demande quelques jours de réflexion ; voulez-vous me les accorder ?

— A votre aise, mais je ne doute pas que vous n'acceptiez. Belle sinécure, savez-vous, que d'être membre du Conseil d'administration d'une société financière ! On apporte de temps à autre son jeton de présence aux délibérations; on surveille plus spécialement, à tour de rôle, pendant un mois, les comptes et opérations afin de pouvoir répondre vis à vis des actionnaires que tout se passe conformément aux règles de l'équité et de la probité. Et.., on a tant pour cent dans les bénéfices sociaux, sans compter une somme fixe réservée à titre d'é-

moluments annuels pour chacun des administra-
trateurs

— Eh, eh ! c'est en effet bien tentant. Mais je
réfléchirai, et avant huit jours, vous aurez ma
réponse.

X

QU'EST-CE QUE CELA VEUT DIRE ?

Peste ! membre du Conseil d'administration d'une grande Société financière ! Je sentais déjà mon ventre s'épanouir, et je voyais d'avance mon imposante rotondité s'étaler au fond d'une victoria traînée par deux chevaux fringants, et remonter chaque après-midi, après la Bourse, l'avenue des Champs-Élysées pour aller se pavaner autour des lacs. Ce que c'était pourtant que d'habiter la grande ville ! et comme le hasard vous y fait faire de riches connaissances : on ne rencontrerait pas de ces chances-là en province. Il n'est rien de tel que de sortir de son trou !

J'étais perplexe cependant, et redoutais — ô naïf ! — les responsabilités qui s'imposent lorsque l'on est appelé à surveiller l'emploi des fonds d'autrui. Tiraillé entre l'envie de devenir un personnage, et la crainte d'être embarqué dans des combinaisons que la loyauté ne me permettrait peut-être pas toujours d'approuver, je ne savais encore quelle réponse donner à M. Neuburger, lorsqu'un

3

fait bien singulier vint tout à coup mettre un terme à mes tergiversations et me tracer ma ligne de conduite définitive.

Parmi les valeurs au comptant dont j'étais propriétaire, et que je laissais en dépôt entre les mains de M. le directeur du *Crédit locatif de France*, il y avait cinquante obligations ottomanes 1873, valant alors de 270 à 280 fr., qui furent achetées en deux fractions de vingt-cinq titres chacune, la première le 9 octobre 1874, la seconde le 8 février 1875.

Je me présentai chez M. Neuburger pour toucher les coupons trimestriels, déjà arriérés, de ces cinquante obligations et pour prendre les numéros de mes titres en vue du tirage qui allait avoir lieu.

— Mais... vous n'en avez que vingt-cinq, m'objecta le caissier.

— Pardon ! j'en ai cinquante.

— Vous faites erreur ; j'ai sous les yeux le relevé de votre compte ; il ne vous reste que vingt-cinq ottomanes ; le surplus a été vendu.

— Cela n'est pas possible ; je n'ai oncques communiqué aucun ordre de vente.

— Qu'est-ce que c'est ? intervint M. Neuburger.

Le cas lui fut exposé. Il se détourna, prit une liasse de papier qu'il feuilleta, et en détacha le duplicata d'une lettre, écrite de sa propre main, que j'avais dû recevoir, disait-il, quelques semaines auparavant, et par laquelle j'avais dû être avisé de la vente, *d'après mes ordres*, de vingt-cinq de mes obligations ottomanes.

Je soutins mordicus que je n'avais communiqué aucun ordre, et que je n'avais reçu aucune lettre d'avis. Il me fallut revenir plusieurs fois à la charge pour obtenir enfin communication des numéros de mes obligations et de mes coupons. Mais la présence parmi mes bordereaux d'une lettre d'avis fabriquée pour la circonstance par M. Neuburger lui-même, me stupéfia, et je ne pus démêler pour quel motif cet homme, au moment où il m'offrait d'occuper un poste si sérieux dans sa maison, avait recours à un tel subterfuge.

Voulait-il absorber à son profit la moitié de mes coupons, et, dans le cas où une ou deux de mes obligations seraient sorties au tirage, en accaparer le remboursement ? Fi !

Je renvoyai promptement cette idée, et j'ajoute ici que j'ai cru avoir trouvé depuis le mot de l'énigme ; je l'exposerai en son lieu. Pour le moment, cette petite affaire me causa une mauvaise impression.

XI

OU L'AUTEUR EN APPREND DE BELLES SUR

LE COMPTE DE M. NEUBURGER

Une découverte que je fis presque en même temps vint, en augmentant mes inquiétudes, me confirmer dans ma résolution. J'appris tout à coup, par un tiers, que M. Neuburger avait été condamné, il y avait déjà une couple d'années, en police correctionnelle, à dix mille francs d'amende pour usure à la petite semaine.

Une nuage s'abattit sur mes yeux.

— Je suis frit ! m'écriai-je. Il me reste à savoir à quelle sauce je serai passé ?

Je rencontrai deux jours après, sur la place Saint-Michel, un des principaux employés du *Crédit locatif*, homme aux manières rondes, à la tenue correcte et soignée, à la physionomie sympathique. Je l'invitai à prendre un bock au plus proche café. En buvant, je l'amenai insensiblement sur le chapitre du directeur de la maison, et lui laissai entrevoir mes angoisses.

— Rassurez-vous, me dit-il, M. Neuburger est un honnête homme ; vous n'avez rien à en redouter.

— Cette condamnation me chiffonne.

— C'est vrai, cela lui fera du tort. Mais il a été plus malheureux que coupable. La dureté des temps oblige tous ceux qui s'occupent d'affaires à glisser un peu à côté de la loi. Ne voyez-vous point cela partout ? Le marchand de vin fraude sur sa boisson ; le fournisseur sur sa marchandise ; certaines catégories des employés de l'Etat sur les comptes qu'ils présentent à leur auguste patron ; le commun des mortels est sans cesse occupé à frustrer quelqu'un : on trompe les chemins de fer sur l'âge des enfants, l'octroi sur une volaille, le rat de cave sur un panier de liqueurs, etc , etc. Chacun se frotte les mains après qu'il a réussi, et se dépêche de crier haro sur celui qui s'est laissé prendre. Ce pauvre M. Neuburger n'a fait que ce qu'il voit faire sans cesse autour de lui. Mais le supposer capable de causer du tort à un client ! c'est, je vous assure, l'outrager bien gratuitement. Votre argent est chez lui aussi en sûreté que chez vous. Moi-même j'ai quelques milliers de francs entre ses mains ; je dors sur mes deux oreilles, et vous n'avez qu'à m'imiter : il vous rendra tout jusqu'au dernier centime.

— Sapristi ! je voudrais bien vous croire. Mais voilà huit jours que je réclame un versement de dix mille francs sur ma liquidation du 15 mars, qui a été de trente-six mille francs et dont il a crédité mon compte ; vous devriez bien me dire pourquoi toutes les fois que je me présente à la caisse, il me remet au lendemain.

— Quoi ! il ne vous a encore rien versé.

— Pas un radis !

— Tenez ! à vous parler franc, il a un défaut terrible qui a déjà paralysé et qui paralysera longtemps encore toutes ses entreprises.

La figure du brave employé reflétait l'expression de la plus vive contrariété.

— Et quel est ce défaut ?

— Eh ! parbleu, il est, comme le sont trop de juifs, amoureux à l'excès de l'argent qu'il détient...

Ce disant, l'employé arrondissait en crocs les doigts de sa main droite pour imiter quelqu'un qui se dispose à harponner fortement ; et moi, je ne cherchais nullement à dissimuler une horrible grimace !

— Bigre !

— Il semble que le bien d'autrui, une fois arrivé dans sa maison, fasse partie intégrante du sien propre ; il éprouve à s'en dessaisir autant de peine que s'il lui fallait lâcher bras ou jambe.

— Saperlotte ! est-ce que vous dites cela pour me rassurer ?

— Oh ! je mettrais ma main au feu qu'il vous remboursera.

— Quand ?

— N'ayez pas l'air trop pressé. Ne lui laissez pas voir de méfiance surtout. Il est bon enfant. Pour vos titres, vous n'avez rien à craindre ; quand aux espèces, demandez-lui de petits à-comptes, et peu à peu...

— Bref, je me suis mis dans de vilains draps. Au revoir, cher Monsieur, et merci bien pour vos bons avis ; je tâcherai d'en profiter.

XII

IL FAUT FILER DOUX

Oui, il faut filer doux ! autant du moins que cela me sera possible !

— Mon cher Monsieur Neuburger, comment vous portez-vous ? Et Madame Neuburger, comment va-t-elle ? Et Madame votre mère ? Et vos quatre jolis enfants ? Ah !.. je vous apporte ma réponse à votre proposition de l'autre jour. Que vous êtes aimable d'avoir songé à me mettre de votre Conseil d'administration ! vous voulez décidément faire ma fortune.

— Eh, eh ! cela vous va ?

— Certainement, cela me va !

— Je vous répète qu'avec moi vous deviendrez millionnaire.

— Mais, en attendant l'arrivée du million, ne voudrez-vous point me compter les dix mille francs que...

— Caissier, comptez à Monsieur la somme de dix mille francs.

— Mais, Monsieur...

— Quoi ?

— Vous savez bien que nous n'avons en caisse que trois mille cinq cents francs ; le reste est chez l'agent.

— Ah, ah, ah... c'est différent. Repassez donc après-demain, je vais faire revenir les fonds et l'on vous règlera.

— Eh bien ! Monsieur Neuburger, puisque vous avez trois mille cinq cents francs en caisse, versez-moi un à compte de deux mille ; après-demain je reviendrai toucher le reste.

— Mais certainement.... Comptez deux mille francs à Monsieur.

Le caissier me passa par le guichet deux billets de mille, en échange desquels je signai un reçu. L'employé de la place St-Michel avait peut-être raison.

— Après-demain les huit mille autres, sans manque !

— Sans manque.

— Vous savez que dans cinq jours je m'absente pour six semaines. Il faut absolument que je parte avec ces dix mille francs en poche. Quand je serai au fond de la Bretagne, vous m'en enverrez quelques autres.

— Bien, bien, bien !

— Faute à vous de me faire ces versements vous me mettriez dans un embarras extrême. Je me suis engagé là-bas.

— Oui, vous fondez un journal.

— Que voulez-vous ! je suis enragé patriote. C'est peut-être un défaut. Mais à quoi tuer le temps sur la terre, si l'on ne s'occupe un tantinet de ses semblables ?

— De quelle couleur sera-t-il votre journal ?

— Républicain parbleu.

— Ah, ah !

— Cela vous choque ?

— Pas le moins du monde.

— Vous êtes peut-être opposé à...

— Moi, je suis financier, et en fait de couleur, je ne comprends que celle de l'argent. Mais, soit dit entre nous, je crois que vous allez compromettre le vôtre : les riches ne sont pas pour vous.

— Peuh ! cet argent m'est venu si facilement que je le verrai fondre sans regrets du moment que je l'aurai risqué pour la bonne cause.

XIII

LES ÉPINES DU SPÉCULATEUR

Le surlendemain, après avoir terminé mes préparatifs de départ, je me présentai à la caisse du *Crédit locatif*.

— M. Neuburger est en haut et demande à vous parler.

Je montai, non sans avoir au préalable rencontré en chemin et salué Madame Neuburger qui me répondit par son plus gracieux sourire.

— Vous venez chercher vos huit mille francs ? me dit M. Neuburger.

— Vous me les avez promis.

— Il m'est impossible de vous les verser immédiatement... Allons ! ne perdez pas contenance, et asseyez-vous. . J'ai commis la faute de ne pas transmettre vos ordres, pour la dernière liquidation, à l'agent de change, M. Roblot. Je les ai adressés, ainsi que les miens et ceux de la plupart de mes clients, à la maison Brunswich-Lhérie, en qui j'avais toute confiance. Malheureusement MM. Brunswich-Lhérie ont joué contre nous et se sont trouvés écrasés par des différences considérables. Ils m'ont déclaré qu'ils se trouvaient, pour le moment, hors d'état de faire honneur à leurs engagements ; mais ils m'ont offert une série de billets à ordres payables à époques successives. Pour éviter un esclandre qui eût été aussi nuisible à ma maison qu'à la leur, j'ai accepté leurs offres. En vous disant cela je vous donne une preuve de mon estime et de ma considération : il n'est certes pas un autre de mes clients à qui je voudrais rendre de tels comptes. Les billets en question, les voici.

Il me mit sous les yeux plusieurs effets par lesquels MM. Brunswich-Lhérie, banquiers bien connus, s'engageaient, en fractionnant les échéances, à verser à M. Neuburger ou à son ordre une centaine de mille francs.

J'étais vivement contrarié, mais l'accent de sincérité de mon interlocuteur, et l'évidence de la situation ne laissaient pas de m'ébranler.

— Vous avez eu tort, lui dis-je, de ne pas observer nos conventions ; vous ne deviez transmettre mes ordres qu'à l'agent de change ; j'espère que vous ne vous y laisserez plus prendre.

— Ah ! pour ça, non !

— Mais êtes-vous sûr de rentrer dans vos espèces ? La maison Brunswich-Lhérie est-elle solvable ?

— Oui, c'est une honnête maison. Nous sommes sûrs d'être payés. Seulement faites comme moi, prenez patience.

— Vous avez de la chance de vous être adressé

à de braves gens qui tiendront à honneur de remplir leurs engagements.

— Certes, je pouvais avoir la main plus malheureuse. Car vous ne sauriez croire, cher Monsieur,
à quel point Paris est peuplé de cavernes. On doit
y regarder à deux fois, allez, avant de confier à
quelqu'un ses intérêts. La maison la mieux acha-
landée, celle qui a pignon sur rue, devanture à grand
fracas, annonces et réclames dans les journaux,
celle-là est le plus souvent, voyez-vous, montée
et dirigée par Canaille et Cⁱᵉ. Mais de la maison
de MM. Brunswich-Lhérie, il n'y a rien à dire. Je
la connais depuis longtemps : c'est la probité même

— Je ne doute pas de la probité de ces Messieurs
non plus que de la vôtre ; mais, sapristi ! il faut
absolument que je parte dans trois jours, et je ne
puis partir sans argent.

— Les deux mille francs que je vous ai versés
avant-hier doivent vous suffire pour le moment.

— Certainement, mais le reste m'est indipensable :
je me suis engagé là-bas ! Au fait, nous voici à la
réponse des primes ; demain liquidation des rentes,
lundi celle des valeurs. Ma situation est excellente,
et je prévois pour lundi un nouveau bénéfice d'une
dizaine de mille francs, si toutefois vous avez, cette
quinzaine, transmis mes ordres à l'agent.

— Oui, je les ai transmis.

— Eh bien vous allez pouvoir me payer.

— Il faut à l'agent le temps de faire rentrer toutes
ses créances ; le règlement total demandera quelques

jours. Mais que cela ne dérange pas vos projets; partez, je vous enverrai vos fonds à Lorient où vous allez. N'y a-t-il pas dans cette ville une succursale de la Banque de France?

— Oui.

— Alors rien de plus facile.

Me trouvant, pour plusieurs motifs, dans l'impossibilité de différer mon départ, je fus obligé de souscrire au biais proposé par M. Neuburger.

— Aussitôt la liquidation terminée, envoyez-moi d'abord cinq mille francs, lui dis-je; et quelques jours après, au règlement total, expédiez m'en cinq mille autres.

— C'est entendu.

— Je suis bien chargé à la hausse. Pour cette liquidation, il n'y a pas à le regretter; mais prenons garde à la suivante: il serait peut-être prudent de me dégager.

— Je ne vois encore rien à craindre.

— Si l'horizon s'assombrit, liquidez-moi le plus tôt que vous pourrez. Ou, si vous l'aimez mieux, adressez-moi un avis par dépêche en me demandant mes ordres, que je vous expédierai de même.

— Parfaitement. Du reste, il sera nécessaire de restreindre un peu le cercle de nos opérations. Voici une lettre de M. Roblot qui me demande une couverture minimum de cent mille francs. Je ne veux pas, même en adressant un appel à ceux de mes clients qui opèrent à terme, fournir une aussi forte caution.

— Eh bien, liquidez, reportez ce que vous voudrez ; à la première alarme nous aviserons.

— Très-bien.

— Au revoir, Monsieur Neuburger.

— Au revoir, cher Monsieur, et à bientôt puisque vous nous revenez dans six semaines.

La franchise avec laquelle le directeur du *Crédit locatif* venait de m'exposer sa situation vis-à-vis de la maison Brunswisch-Lhérie avait considérablement diminué les idées de méfiance que je m'étais depuis quelque temps formées à son endroit, et je partis pour Lorient l'esprit assez tranquille.

XIV

Peu après mon arrivée, je reçus de M. Neuburger l'avis qu'il avait, à la liquidation, reporté ma situation tout entière. Il n'avait pas encore eu le temps d'aller régler chez l'agent de change. Je lui répondis de se hâter de m'expédier au plus vite l'à-compte de cinq mille francs que j'attendais.

Le 7 avril au matin, en ouvrant les journaux qui arrivaient à la gare à 9 h. je vis que l'horizon de la Bourse commençait à se rembrunir. Sans attendre les avis de mon correspondant, je courus au télégraphe, et lui dépêchai l'ordre de vendre au *premier cours* 50 Mobilier espagnol, 50 Transatlantique, 50 Franco-égyptienne. Je lui aurais transmis un ordre beaucoup plus étendu, s'il ne m'avait constamment entretenu dans l'idée que, dès l'instant qu'il passait mes ordres à l'agent de change, il ne pouvait répondre de leur exécution intégrale sauf le cas où ils ne porteraient pas sur un trop grand nombre de valeurs à la fois.

Le lendemain, 8 avril, je lui expédiai un deuxième ordre de vendre cinquante Mobilier espagnol et cinquante Transatlantique. Ainsi en deux jours je liquidais cent Espagnol, cinquante Transatlantique, cinquante Franco-égyptienne, et par une vente à découvert de cinquante nouveaux Transatlantique, je commençais un changement de position destiné à me prémunir contre les effets d'une baisse dont les symptômes étaient devenus palpables.

Deux heures après l'envoi de ma deuxième dépêche, le 8 avril, à 11 h. 1/2, heure à laquelle se faisait la distribution des lettres au fond du faubourg de Kerentrech, près Lorient, où je demeurais, je reçus de M. Neuburger la réponse à ma dépêche de la veille.

Elle était ainsi conçue :

« Votre dépêche étant arrivée un peu tard, et vu ensuite la baisse qui s'est produite, il nous a été impossible de vendre ; nous n'avons pu faire que 50 Franco-Egyptienne à 625 25. Quand aux 5,000 fr. nous vous les enverrons demain. »

Cette missive me stupéfia. L'inexécution de mes ordres sur le Mobilier espagnol et les Transatlantique me faisait éprouver en un seul jour une perte de plus de quatre mille francs. Comment ma dépêche avait-elle pu arriver assez tôt pour les Franco-Égyptienne, et trop tard pour les deux autres valeurs ? Et les cinq mille francs promis depuis si longtemps, pourquoi ne pas les envoyer sous ce pli ?

J'attendis au lendemain. Il m'arriva une autre lettre, contenant la réponse à ma deuxième dépêche.

« Monsieur le Directeur a l'honneur de saluer M. Laurent, et l'informe qu'il a d'après ses ordres et pour son compte vendu au 15 avril 1875, 50 Mobilier espagnol à 1,420 fr. et 50 Transatlantique à 365 fr.. premier cours. »

Cette fois, ma dépêche était à ce qu'il paraît arrivée assez tôt, bien qu'elle eût été mise au guichet à la même heure que la première. Mais la Bourse ayant monté après le premier cours d'autant qu'elle avait baissé la veille, je subissais en sens inverse par suite de l'exécution de cet ordre une perte égale à celle du jour précédent. En outre, la somme annoncée pour le lendemain dans la lettre de la veille brillait comme toujours par son absence.

— Palsambleu, monsieur le directeur du *Crédit locatif de France !* était-ce là ce que vous aviez promis à votre futur administrateur, à votre « meilleur client? »

M. Neuburger, c'était limpide comme les diamants de sa femme, (j'ai su depuis qu'ils sont de la meilleure eau), avait pris le parti irrévocable de ne me point envoyer d'argent ; et, pour se préparer une apparence d'excuse, il venait de concevoir le plan de ne pas exécuter mes ordres lorsque de cette exécution pourrait résulter pour moi un avantage, et de les exécuter lorsque le résultat s'annoncerait comme devant tourner à mon détriment. De cette façon et grâce à quelques Bourses agitées, en supposant que je continuasse à lui adresser des télégrammes, il viendrait vite à bout de me mettre en perte d'une raisonnable dose de milliers de francs, ce qui le dispenserait pour longtemps, peut-être même pour toujours, de m'envoyer une somme quelconque.

C'était la sauce! M. Neuburger ne se donnait plus la peine de dissimuler, et par ses deux lettres il me disait cyniquement :

D'une main je te plume, et de l'autre t'embroche !

XV

GACHIS

Je résolus (et ma résolution tient toujours quoiqu'il y ait déjà six ans d'écoulés) de me débattre jusqu'à la mort. J'adressai immédiatement à mon directeur une vigoureuse protestation, et réclamai mon argent et mes titres, en donnant ordre de me liquider totalement au 15, puisque jusqu'à cette date, où je devais être forcément dégagé, il me tenait le couteau sur la gorge. Afin de ne pas trop casser les vitres, j'ajoutai pour deuxième prétexte à la rupture de mes relations, que les journaux m'apportaient des chiffres inexacts et que la cote officielle m'arrivait toujours trop tard, ce qui était vrai, et ce qui me rendait la manœuvre très dificile.

M. Neuburger ne répondit point.

Le 11, j'écrivis :

Vous avez des façons incroyables de traiter les affaires sérieuses ; une maison qui ne trouve pas 5,000 fr. dans sa caisse pour expédier à un client à qui elle en doit 75,000, n'est évidemment pas destinée à une grande prospérité.

Pouah! M. Neuburger est au contraire devenu riche, extrêmement riche.

Le 12, nouvelle réclamation de ma part, et nouvelle protestation. Silence persistant de mon corsaire.

Le 13, *item*. Craignant que, à la liquidation du 15, M. Neuburger ne me reportât malgré moi, je lui déclarai que j'allais écrire soit à M. le président de la Chambre syndicale des Agents de change, soit à M. Roblot lui-même, afin de me faire liquider d'office.

Le 14 (enfin!), je reçus de mon terrible dépositaire une lettre datée du 12 et mise à la poste le 13. Il avait attendu, pour me donner signe de vie, que la Bourse fût en pleine dégringolade, et il me tenait ce langage :

Monsieur,

Dans une de nos dernières entrevues, j'ai eu l'honneur de vous informer que la maison à laquelle je transmettais vos ordres s'était subitement trouvée dans l'impossibilité de payer ses différences, je vous en ai fourni la preuve. Je devais donc vous solder ce qu'on ne m'avait pas payé? Je vous ai prié de vouloir bien me permettre de régler ce compte par portions.

Cet acte d'immense honnêteté, je ne sais pas, monsieur, si vous l'auriez fait; mais je puis vous affirmer qu'aucun, à Paris, n'aurait avec une couverture de moins de 4,000 fr. fait les nombreuses et périlleuses opérations que vous avez traitées; j'ai même mis sous vos yeux une lettre d'un agent qui me demandait une couverture de plus de 100,000 fr. pour des opérations de l'importance de celles que vous faisiez dans ma maison.

Je viens, monsieur, de repasser votre compte, et je trouve qu'aujourd'hui, au cours de la Bourse, vous êtes mon débiteur d'environ 50,000 fr. Admettez que la Bourse de demain soit aussi mauvaise que celle de ce jour, il me semble alors que vous aurez bien peu de chose à toucher dans notre maison, d'autant que vous êtes souscripteur de *cent* de nos actions, d'après une lettre dans laquelle vous nous en avez fait la demande.

Je regrette beaucoup, monsieur, que vous ayez pris un ton aussi peu convenable pour parler de notre administration, surtout après le bien que vous en avez pu retirer. Pour finir, je vous dirai que le Crédit locatif touche ses loyers au 15 courant, et c'est à partir de cette époque que je vous enverrai ce que vous m'avez demandé.

A quoi je répliquai sur le champ par une lettre dont voici le résumé :

Sans doute j'ai retiré quelque bien de votre administration tant que vous avez fidèlement transmis mes ordres ; mais pourquoi voulez-vous m'enlever tout à coup ce bien, en agissant comme vous le faites ? Pourquoi me bernez-vous avec des promesses d'envoi de fonds jamais réalisées ? Je ne suis point votre débiteur ; au contraire c'est vous qui me devez ; car je ne suppose pas que vous ayez la prétention de me faire responsable de l'inexécution de vos ordres. Je vous crois toujours un brave et honnête homme : ne démolissez pas de vos propres mains ce qui peut me rester de confiance en vous. Croyez-moi, faisons un règlement général, net et irréprochable. Nous verrons ensuite. Liquidez après-demain toute ma situation, sauf les *Romains* et *Immobilières* que vous pourrez lever.

4

Désireux de rendre ma liquidation moins désastreuse et de prouver en même temps à M. Neuburger que j'étais encore disposé à tenir par un fil à sa maison, je lui envoyai le lendemain, par dépêche, l'ordre de racheter 50 Mobilier Espagnol. Après tout, il y avait peut-être eu malentendu dans ses bureaux; je n'avais pas la preuve administrative que ma dépêche du 7 était arrivée en temps utile. Bref, je nageais dans les ondes de l'incertitude, et je me rappelais que l'employé, sur la place St-Michel, m'avait recommandé d'être souple. Je comptais bien pourtant que la réponse de M. Neuburger, à mon ordre de rachat, serait accompagnée d'une explication franche et de l'avis que mes ordres du 7 devaient être considérés comme tous exécutés.

Or, la réponse de M. Neuburger ne contenait que ces simples mots :

Acheté au 15 courant 50 Mobilier Espagnol.

Le 16, au matin, jour de la liquidation, le train de Paris dérailla, et le courrier manqua. La réparation tant attendue ne m'arriverait sans doute que dans l'après-midi. J'expédiai, en prévision, au *Crédit locatif* la dépêche suivante :

Trains dérangés, journaux non arrivés. Liquidez Turc, levez Romains si vous ne pouvez Rivoli, liquidez Banque Ottomane, reportez autres valeurs, verrons demain pour autre chose.

Je prenais le parti de fractionner ma liquidation pour en sortir avec moins de désavantage.

Dans la journée le courrier arriva, mais il ne m'apportait aucune lettre de M. Neuburger. Mes tentatives de rabibochement pour adoucir mon Cerbère ne m'avançaient donc à rien !

— Attendons, me dis-je, mon compte de liquidation. La honte l'empêche de s'expliquer, mais les chiffres parleront.

Je continuai à me dégager avantageusement en télégraphiant, le 19, l'ordre de vendre (liquidation) 75 Suez et 75 Délégations. Deux heures après l'envoi de ma dépêche je reçus enfin mon compte.

Il se chiffrait, en comprenant les versements opérés pour titres levés, par un solde débiteur de 53,136 fr. M. le directeur du *Crédit locatif de France* m'infligeait, de par l'inexécution de mes ordres du 7, une perte de près de 14,000 fr., et me faisait brutalement responsable de toutes les conséquences de l'imbroglio dont il était l'auteur. Le pli de M. Neuburger ne contenait, bien entendu, pas un centime des 15,000 fr. qu'il s'était engagé à m'expédier. Je vis, sans pouvoir conserver une ombre d'illusion, entre quelles mains j'étais tombé. A partir de ce moment, je suspendis toute correspondance télégraphique ou autre relative à des ordres de Bourse. Je reçus de l'administration des télégraphes, à laquelle j'avais adressé une réclamation, l'avis que ma dépêche du 7 avait été remise à M. Neuburger à 10 h. 50 : la Bourse ouvre à midi et demié !

Votre dépêche étant arrivée un peu tard, etc...

XVI

Il était évident que M. Neuburger au lieu de me reporter le 2 avril, le surlendemain de mon départ de Paris, ainsi qu'il m'en avait avisé, avait en réalité liquidé totalement ma situation, et depuis avait jonglé avec mes ordres et mes dépêches pour pouvoir me... mettre dedans. Il refusait maintenant de me livrer mes espèces, et aussi mes titres au comptant. Il déclarait lui-même, dans sa lettre du 13, que je n'avais engagé que 4,000 fr. à peine, à titre de couverture, bien que je l'eusse autorisé à prendre davantage sur les espèces. Il n'avait donc, à aucun point de vue, le droit de détenir mes valeurs au porteur, achetées et payées comptant, placées toutes en dehors de mes opérations à terme. Je pris sans hésiter le parti d'adresser contre lui, au Parquet de Paris, une plainte en escroquerie et en abus de confiance.

Sur ces entrefaites, je reçus de mon ex-directeur, le 27 avril, une lettre qui peut se résumer en ces trois lignes :

— Les valeurs dont vous restez acheteur a terme depuis que je vous ai reporté le 16, que faut-il en faire?

— Ce qu'il vous plaira ; j'ai chargé la correctionnelle de liquider nos rapports.

— Vous êtes un insolent ! Je vous préviens qu'à la liquidation des 1 et 2 mai vous serez exécuté.

— Je m'en moque comme de Nicolas Tampon.

A la suite de ma plainte, une descente de police eut lieu dans les bâtiments du *Crédit locatif*. Le chef de l'endroit fit à mes griefs la réponse suivante :

RÉPONSE PAR NEUBURGER A LA PLAINTE DU SIEUR LAURENT

Mes relations avec M. Laurent ont commencé en juin 1874. Il est entré chez moi, qui ne le connaissais point, me priant de lui vendre quelques titres au comptant et de lui en acheter quelques autres. Cette opération, d'une importance de 12,000 fr. environ, fut réglée et soldée régulièrement.

Je fis donc confiance dans l'homme avec qui j'allais désormais travailler.

Avec qui j'allais désormais travailler. Hein ! quelles expressions délicates ! quel naturalisme de financier ! Poursuivons :

Pour bien apprécier nos relations, un compte complet et méthodique était nécessaire; je l'ai établi et je vous l'adresse ci-joint.

Il en résulte :

1° Que M. Laurent m'a prié, dès la première opération soldée, de lui prêter mon concours pour des opérations à terme, ce que fis.

Cela résulte d'un compte! C'est aussi raide que le détail est faux. Mais passons ; ce n'est qu'un détail.

2° Que fin juin je me trouvai à découvert de 3,657 fr. 70 c.;

3° Que fin juillet je l'étais de 8.531 fr. 30 c.;

4° Que fin août je l'étais de 10,375 fr. 55, et que, à ce moment même, je levais de mes propres deniers, et pour lui être agréable, 25 Pampelune et 100 Rivoli valant ensemble 5,262 fr. 25 c.;

5° Que fin septembre j'étais encore à découvert do 4,187 fr. 25 c.;

6° Que fin octobre je devenais débiteur de 8,105 fr. 60 c., grâce à la plus-value réalisée avec les titres que j'avais conseillé d'acheter ;

7° Fin novembre. je n'étais plus débiteur que de 3,255 fr. 30 c.;

8° Et fin décembre je redevenais créancier à découvert de 1,724 fr. 30 c.;

9° Fin janvier 1875, mon découvert s'élevait à 5,897 fr. 90 c.

10° Dans le courant de février, je fus assez heureux pour que, tout en levant 50 Pampelune d'une valeur de 8,325 fr. M. Laurent pût s'acquitter envers moi et même devenir mon créancier de 980 fr. 45 c.

Jusque-là, j'étais le plus parfait honnête homme aux yeux de M. Laurent, bien qu'il connût à merveille la condamnation qui m'avait frappé pour ma fausse interprétation des dispositions légales touchant la vente à réméré.

Sur l'honneur, M. Neuburger, je ne la connaissais pas ; je l'ai apprise ainsi que j'ai raconté ci-devant. Continuons :

Les opérations, courant de mars, devenaient tellement favorables à M. Laurent que, lui ayant exposé mon projet de création d'un *Crédit locatif* il fut convenu entre nous qu'il devenait mon souscripteur de cent actions, à charge par moi d'effectuer les versements nécessaires à la caisse de la Société à l'aide des bénéfices dont j'allais être détenteur lors du règlement de la liquidation. Cela résulte d'une demande à moi faite par M. Laurent par lettre missive en date, à Paris, du 7 mars 1875, laquelle me donnait aussi quelques ordres de Bourse à exécuter.

Le 15 mars, je l'avisai de mon acceptation, et, le 18, il me confirma à son tour l'acceptation de mes conditions.

Fin mars, M. Laurent se trouva créancier chez moi de 39,894 fr. 85 c.

Arrêtons-nous un instant. Avez-vous remarqué, ô citoyens, que dans cet historique de mes opérations à terme, par l'intermédiaire de M. Neuburger, la maison du *Crédit locatif* se trouve à certaines liquidations *à découvert* vis-à-vis moi de telle et telle somme ? Pourquoi, ayant sans cesse de 15 à 20,000 fr. de titres au comptant, à moi appartenant et circulant de ses bureaux à ceux de l'agent de change, pourquoi cette maison se trouvait-elle donc *à découvert* quand j'étais en perte aux liquidations ? Pourquoi ?... Parce que, — retenez bien cela, ô citoyens, — parce que mes titres au comptant ne formaient point couverture, et restaient à ma disposition (c'était convenu) pour être vendus et rachetés à ma guise, ainsi que j'ai déjà eu l'avantage de l'expliquer.

Remarquez-vous aussi la tendre sollicitude, à mon endroit, de M. le *directeur du Crédit locatif de France ?* Toutes les fois que mes liquidations se chiffrent par des bénéfices, c'est en vertu, uniquement en vertu de ses bo·s conseils. Quand je suis en perte, c'est naturellement ma faute. Quel intérêt j'inspirais à ce brave homme ! et que je m'en veux, en lui réclamant une partie de mon argent et de mes titres, d'avoir paru douter de son « immense honnêteté » et d'être devenu l'objet de ses ressentiments ! Reprenons :

Fin mars, M. Laurent se trouva créancier chez moi de 39,894 fr. 85 c., mais en restant acheteur d'une certaine quantité de titres dont la variation pouvait amener un changement complet dans sa situation.

S'il eût liquidé à ce moment ou dans les premiers jours d'avril (vous l'avez jugé inutile, ô implacable époux de Madame Neuburger, et quand je l'ai voulu faire vous y avez mis bon ordre) la majeure partie de ce bénéfice lui eût été réellement acquise ; mais il préféra, quoique quittant Paris, continuer à suivre sa position, et me transmit de Lorient différents ordres à exécuter. (Vous voyez bien !)

Dès le début de la liquidation de la première quinzaine d'avril eut lieu une baisse considérable (les premiers symptômes se manifestèrent le 6, Neuburger, et dès le 7 et le 8 je passai des ordres en conséquence) et il était évident que M. Laurent reperdrait en liquidation du 15 autant, sinon plus, que ce qu'il avait gagné en liquidation des 15 et 31 mars (oui, Neuburger, c'était évident ; grâce à vos prévisions et au petit mécanisme que vous aviez imaginé, j'étais condamné à perdre jusqu'au dernier centime).

Aussi comme il m'avait demandé de lui envoyer 15,000 fr. ai-je dû m'abstenir de le faire (cela ne vous empêchait pas de m'en annoncer l'envoi dans chacune de vos lettres) devant l'a'éa d'une situation aussi tendue.

De là le germe du mécontentement de M. Laurent. (Laissez-vous donc nommer administrateur d'une grande Société financière pour être roulé de la sorte !)

M. Laurent envoyait ses ordres de Lorient par dépêches télégraphiques. Le 7 avril, je l'avisai que sa dépêche était arrivée un peu tard (la lettre qui m'avait apporté cet avis était signée du nom du caissier, M. Pinel, et le reçu attestant que ma dépêche fut remise à 10 h. 50 était signé aussi du nom de ce même caissier, — information émanant de l'administration centrale des télégraphes à Paris) et que son ordre n'avait pu être exécuté qu'en partie. Le lendemain M. Laurent renouvela son ordre (pas du tout, Neuburger, c'était un deuxième ordre, ordre nouveau, qui ressemblait au premier, il est vrai, mais

qui n'était pas le même : la preuve qu'il vous fut
expédié avant la réception de votre lettre concernant l'ordre de la veille a été mise à votre disposition, émanant des facteurs et du bureau de poste
de Lorient, mais vous n'avez pas voulu en prendre
connaissance) qui cette fo's fut exécuté ; et le lendemain, 9 avril, M. Laurent m'écrivit une lettre dans laquelle il dit :

1º Qu'il a été trompé par un chiffre inexact de la
Liberté ;

2º Que ne recevant la cote et mes lettres qu'à 11 heures il nous est impossible de faire nos affaires dans de
pareilles conditions, qu'il va les suspendre.pendant tout
l'été et que nous les .reprendrons à l'hiver.

(Ma lettre débute ainsi, ô subtil directeur du
Crédit locatif :

J'ai reçu hier, à 11 heures seulement, après l'envoi
de ma dépêche, votre lettre m'annonçant que vous n'avez
pas exécuté mes ordres concernant la vente de 50 Espagnol et de 50 Transatlantique ; mon deuxième ordre
avait pour but de me *liquider totalement* de mes 100 *Espagnol.* »

Donc, il nous est en effet impossible de faire
nos affaires dans ces conditions.)

3º Il demande 15,000 fr. ;
4º Il demande sa radiation de la liste des actionnaires
du *Crédit locatif.*

En effet, la baisse lui enlève ce qu'il a gagné ; il le
voit comme moi ; il me demande l'argent que je ne saurais lui envoyer, à peine de me découvrir outre mesure

(il fallait me le dire, et non pas me berner par des promesses que vous aviez résolu de ne pas tenir), et comme il est convenu que l'argent qu'il peut avoir chez moi doit être appliqué à couvrir sa souscription au *Crédit locatif*, il annule simplement cette souscription d'un trait de plume (parce qu'il me parut dès lors évident que votre projet d'extension de Société n'était qu'un truc pour détenir mes bénéfices ; et en effet, cette extension n'eut jamais lieu), sous le prétexte que ses occupations vont être tellement nombreuses qu'il ne prévoit pas pouvoir s'occuper de cette institution (je ne voulais pas encore vous infliger les épithètes que vous méritiez).

Le 11 avril, il m'avise que n'ayant pas reçu les fonds demandés, il s'est adressé à M. Lepel-Cointet, agent de change, rue Vivienne, qui viendra pour lui arrêter ses comptes et retirer ses titres et valeurs.

Le lendemain je répondis (vous mentez, Neuburger, vous répondîtes non pas le lendemain, mais le 13), en faisant ressortir aux yeux de M. Laurent la situation que lui faisait la baisse, et comme il pouvait se faire que de ce jour au 15 une variation se présentât à son avantage (ah bah ?... vous aviez si bien prévu, disiez-vous tout à l'heure, que je perdrais au 15 tout ce que j'avais gagné en mars, et même davantage), je le remettais après le 15 pour lui faire un envoi d'argent, le cas échéant. (Tiens ? mais... et la souscription au *Crédit locatif* qui, avez-vous dit il n'y a pas trois minutes, vous rendait la chose tout à fait impossible.)

Le 13, M. Laurent se plaint, recevant irrégulièrement

la cote, de ne pouvoir suivre le cours des valeurs ; il proteste contre la non-exécution de son ordre du 7 avril et dit que, en cas de difficultés, il se rendra à Paris pour terminer.

Le 14 avril, M. Laurent envoie une dépêche contenant l'ordre d'acheter 50 Mobilier espagnol ; il est, comme on voit, toujours à la hausse. (Parbleu, et vous aussi, vous venez de le dire à l'instant même ; mais le lecteur connaît mes vrais motifs, je les ai exposés ci-devant.)

Le même jour, il écrit une lettre qui met fin à toutes les discussions antérieures (sous réserves, M. Neuburger). Il comprend, dit-il, la valeur des raisons que je lui ai données (faux, faux, faux !) ; il propose un règlement général, net et irréprochable (oui, tout étant obscur depuis votre procédé du 7 avril), et il ajoute : Nous verrons ensuite s'il y a lieu de partir pour une série d'opérations plus modérées. Puis il revient sur le *Crédit locatif*, dont il redemande d'être actionnaire pour 100 actions. (Il fallait *filer doux*, et tâcher d'éviter d'avoir recours à la filière interminable des procès.) Puis il dit : Faites une liquidation complète au cours de compensation de toutes les valeurs qui sont inscrites à mon compte. Il ajoute encore : Au lieu de liquider les Romains et les Immobilières, levez-les. (Pourquoi pas ?) C'est un imbroglio à n'y rien comprendre. (A l'intelligence dure quand il le juge à propos, M. Neuburger.) Tous ses ordres sont contradictoires les uns des autres, et véritablement l'on peut dire que M. Laurent n'a pas su ce qu'il voulait (personne n'en pourra dire autant de vous, Neuburger).

Bien mieux, le 16, M. Laurent renvoyait une dépêche télégraphique donnant encore une série d'ordres contrariant les précedents. (J'ai déjà expliqué pourquoi : l'absence de courrier, le dérangement des trains.)

M. Neuburger, au milieu de ce dédale, prit le parti le plus sage, et fit reporter toute la situation de M. Laurent en lui en donnant avis par lettre en date du 16 (qui fut, comme la précédente, mise à la poste avec un jour de retard), qui lui annonçait aussi qu'il était débiteur en liquidation de 53,136 francs 80 centimes. (Il fallait, M. Neuburger, puisque vous étiez décidé à mettre au rancart toutes mes protestations, me liquider purement et simplement, ainsi que je vous en avais d'abord donné l'ordre : un homme scrupuleux eût ainsi fait, et nous aurions éclairci ensuite les griefs précédents.)

M. Laurent ne répondit pas. La baisse continuait. La situation de M. Laurent devenait de plus en plus précaire. (N'avait-il pas pris le *sage* parti de me reporter?) Le 16, M. Neuburger lui demanda ce qu'il comptait faire en présence de la baisse persistante. M. Laurent *eut le toupet* de répondre : « Depuis la première dépêche que je vous ai envoyée après mon départ de Paris et la réponse que vous y avez faite, je me trouve totalement désintéressé dans la liquidation. »

Ainsi, depuis cette fameuse dépêche, M. Laurent a écrit six lettres et envoyé trois dépêches portant des ordres divers qni ont été exécutés (?), dont l'avis lui a été transmis, qu'il a acceptés (!!), et tout d'un coup il se désintéresse. de sa propre autorité, d'une situation qu'il a faite lui-même (!!!).

La chose paraît invraisemblable. (Oui-dà !) M. Laurent ayant menacé d'en appeler à la justice, reçut avis de M. Neuburger que la position serait liquidée fin avril, ce qui a eu lieu.

Il ne faut pas passer sous silence que dans sa lettre de menaces, M. Laurent a la naïveté de montrer le bout de l'oreille : il propose, comme seule solution de la difficulté qu'il a fait naître, cet accord particulier : « M. Neuburger tiendra compte à M. Laurent de sa situation au 31 mars, c'est-à-dire au moment où il gagnait de l'argent, et gardera pour lui celle du 30 avril, où M. Laurent est en perte. »

Cette correspondance fut suivie d'un échange de lettres où M. Laurent menaça de s'adresser au procureur de la République. Cela devenait du chantage.

Le parquet est saisi, M. Neuburger s'en remet à sa sagesse.

Il croit devoir terminer ce trop long exposé des faits par une dernière considération.

Dans sa plainte, tout en accusant M. Neuburger d'un délit qu'il ne spécifie, ni ne caractérise, M. Laurent ne peut s'empêcher de reconnaître qu'il doit une certaine reconnaissance à M. Neuburger pour les conseils (point dit çà) qu'il lui a donnés, et pour la manière dont ses ordres ont été exécutés *pendant un certain temps.* (Ici, c'est vrai, et c'est moi qui souligne : M. Neuburger avoue donc que pendant un certain autre temps...)

En effet, voici le résumé complet des opérations et le résultat qu'elles auraient eu pour M. Laurent au 2 avril 1875, jour où il a quitté **Paris,** et où dès lors il a pris seul (???) la direction de ses affaires de Bourse, qu'il

décore pompeusement dans sa plainte de la qualification
de *sa fortune.*

M. Laurent a engagé :

69 actions romaines, valant	5.708 35
17 obligations Immobilières	1.814 65
9 Mobilier	2.525 80
Espèces	8.750 »
Total.......	18.798 80

Et il a retiré :

20 Nord-Espagne, va'ant	2.380 10
20 Ottomanes.................	6.558 50
125 Pampelune....................	20.812 50
50 Immobilières	4.862 60
Espèces	10.940 60

C'est donc un bénéfice réel de 26.755 fr. 50 c. empo-
chés par M. Laurent sous l'influence des conseils de
M. Neuburger (toujours !) et en moins de dix mois.

Ce compte résumait mes affaires au comptant,
mes levées de titres en liquidation, et la somme des
espèces qui m'avaient été livrées à diverses époques. Il ne différait pas sensiblement, quant au résultat total, de celui que je dressai moi-même ;
mais il portait à mon avoir 30 Ottomanes de moins,
20 Nord-Espagne et 25 Pampelune de trop : ce
détail me prouvait que contrairement aux avis ré-
guliers contenus dans ses lettres, M. le directeur du
Crédit locatif de France ne faisait plus par agent
de change, mes opérations au comptant, et que,

ayant découvert, dans ses additions, une erreur à son détriment en me portant 20 Nord-Espagne et 25 Pampelune en trop, il avait essayé de la réparer tant bien que mal en me retranchant malgré moi un achat de 25 Ottomanes. D'où, sans doute, la fabrication, en février 1875, de cette fausse lettre d'avis d'une vente de 25 Ottomanes, en présence de laquelle j'éprouvai de si fâcheuses impressions à l'endroit de l'homme en qui, moi aussi, « j'avais fait confiance. »

Passons à la conclusion de la réponse de M. Neuburger :

Ajoutons que M. Laurent partait de Paris créancier en outre de 38,894 fr. 85 qu'il eût pu réaliser, s'il n'eût préféré suivre sa propre inspiration qui le poussa à la hausse, tandis que c'est la baisse qui arriva.

Cela aurait porté le bénéfice empoché par M. Laurent du chef des conseils de M. Neuburger (il y tient) à 65,650 fr. 35 en moins de dix mois.

Ce document était suivi d'un état détaillé de mes opérations (sauf erreurs). La somme totale de chacun de mes soldes débiteurs ou créditeurs en liquidation (opérations à terme) accompagnait chacun des comptes d'opérations au comptant figurés par quinzaine.

M. Gustave Neuburger qui, au 15 avril, avait eu la *sagesse* de me reporter au lieu de me liquider, avait eu aussi celle de m'infliger, en m'exécutant le 2 mai, une nouvelle perte de 44,589 fr. 30 c. Il négligeait en outre de faire entrer en ligne à mon avoir toutes les valeurs au comptant que j'avais chez lui, se chiffrant par une somme d'environ 40,000 fr., et il terminait par ces mots :

M. Laurent est donc débiteur envers M. Neuburger de 58,831 fr. 25 qu'il ne lui paiera probablement jamais.

Ainsi, le prodigieux conjoint de Madame Neuburger, non content d'avoir allongé les pattes sur une valeur de 71,267 fr. 20 que je lui avais laissée, m'en réclamait encore une de 58,831 fr. 25 que, selon lui, j'avais perdue.

XVII

LE RAPPORT DU COMMISSAIRE DE POLICE

M. le commissaire de police Lambquin avait été chargé par le parquet de procéder à une première enquête sur les agissements de mon patron.

En même temps que la réponse de ce dernier, je reçus communication de la pièce suivante :

DÉLÉGATIONS JUDICIAIRES   *Paris*, 30 *juillet* 1875.

PARQUET

N° 73,178

N° 720

RAPPORT

« J'ai l'honneur de retourner la plainte du sieur Laurent contre le sieur Neuburger, et la réponse par ce dernier à cette plainte.

« Le sieur Laurent a d'abord eu le tort, comme beaucoup d'autres, de faire des opérations de bourse par l'intermédiaire de Neuburger qui n'était alors que changeur, plutôt que d'employer le ministère d'un agent de change.

« Il s'est d'abord livré à des opérations au comptant, puis *à des opérations à terme.*

« Il ne vise Neuburger dans sa plainte que pour ces dernières qui constituent un véritable jeu, et les tribunaux se sont souvent prononcés à ce sujet.

(Je déclarais dans ma plainte que l'inculpé, au lieu de tenir compte de mes ordres dans la première quinzaine d'avril et de les transmettre à l'agent de change, les avait retenus dans ses bureaux et manipulés de manière à me mettre en perte pour se donner le prétexte de saisir et vendre à son profit mes titres au comptant, auxquels il n'avait pas le droit de toucher).

« Il articule que Neuburger n'exécutait pas toujours rigoureusement les ordres qu'il transmettait, ordres d'achat au *premier cours.*

« Neuburger, a-t-il été déjà dit, n'était pas agent de change : un cours ne résulte souvent que d'une rapide et seule opération, surtout à l'ouverture ou à la fermeture de la Bourse.

« Le sieur Laurent n'avait donc qu'à régler avec Neuburger et le quitter, du moment que celui-ci n'exécutait pas rigoureusement ses ordres (il s'agit de la période où, après mon premier voyage en Bretagne, M. le directeur du *Crédit locatif* s'était tout à-coup refroidi à mon endroit.)

« Il ne l'a pas fait parce que — et il le déclare dans sa plainte — Neuburger tenait compte de ses avertissements énergiques (il s'amenda, ainsi que je l'ai raconté, pour recommencer de plus belle lors de mon deuxième voyage), exécutait rigoureusement ses ordres, d'où des bénéfices importants sur des opérations à terme.

« La plupart des changeurs, des courtiers marrons et de tous ces individus sans titre ni qualité qui font à la Bourse des opérations pour le compte de tiers, achètent et vendent le plus souvent en leur nom et divisent le résultat des opérations selon le nombre de leurs clients auxquels ils ont des attributions à faire.

« L'agent de change, dans ce cas, n'a prêté son ministère qu'à l'intermédiaire qui lui est connu, et qui devient responsable, et non aux acheteurs ou vendeurs clients de celui-ci et complétement étrangers à l'officier ministériel.

« Neuburger prétend que les opérations à terme par Laurent ont eu lieu sur le *seul et simple bénéfice* d'opérations au comptant *laissé* dans son change par son client qui jouait à la hausse, alors qu'une baisse s'accentuait de plus en plus.

(Une fois de plus, si le *seul et simple bénéfice* de mes opérations au comptant servait de garantie à mes opérations à terme. les valeurs elles-mêmes étaient à l'abri : eussé-je été en perte que Neuburger n'avait pas le droit d'y toucher, à plus forte raison, quand je me trouvai en bénéfice).

« Le sieur Laurent vise plusieurs cas d'abus de confiance (tirage des obligations Ottomanes 1873) et d'escroquerie (25 obligations Ottomanes au lieu de 50) que Neuburger aurait successivement commis à son préjudice.

« Le sieur Neuburger répond à ce sujet d'une manière qui paraît plausible et il a fourni à l'appui son compte avec Laurent. (Ses lettres sur ce point anéantissent les erreurs volontaires de son compte.)

« Neuburger est personnellement dans une situation de fortune assez belle (Parbleu !)

« Pour connaître le bien fondé de la plainte de Laurent et apprécier le mérite de la réponse de Neuburger, il serait indispensable de se livrer à une étude de livres et de pièces comptables, non-seulement chez l'inculpé, mais chez les agents de change qu'il a pu employer, et ce travail, long et offrant des difficultés, ne pourrait être fait que par un expert.

« Le sieur Laurent déclare dans sa plainte qu'il se constituera partie civile dès qu'il aura eu connaissance de la décision de M. le Procureur de la République. Il inculpe Neuburger d'escroquerie d'après une consultation qu'il aurait prise de magistrats et d'hommes de loi de Lorient.

« Il a le droit de se porter partie civile.

« Il peut donc l'exercer s'il croit devoir persister dans sa plainte.

« Signé : Le commissaire de police,

« LAMBQUIN. »

Faisant allusion aux diverses allégations contenues dans la réplique du sieur Neuburger, je répondis au parquet, en termes un peu plus délayés :

— Tissu de mensonges et de contradictions.

— Persistez-vous dans votre plainte et voulez-vous vous portez partie civile ? m'écrivit-on du parquet.

— Avec empressement, répliquai-je.

Je constituai avoué sur-le-champ et j'élus domicile chez Mᵉ Delessart, quai de la Mégisserie, à Paris. L'affaire fut confiée par le parquet aux soins de M. Guillot, juge d'instruction, qui chargea de l'expertise M. Magnin, comptable bien connu et justement renommé pour son habileté.

XVIII

Quand le moment fut venu d'examiner mon affaire, M. Magnin se rendit chez M. Neuburger (*le
Crédit locatif* n'existait déjà plus, paraît-il,) et lui
demanda communication de ses livres. L'inculpé,
interloqué, se refusa avec énergie à l'accomplissement de cette formalité. Il fallut que M. Magnin eût
recours au commissaire de police qui, accompagné
de sergents de ville, ordonna une perquisition dans
les bureaux et enleva de vive force les comptes et
registres où M. Magnin fit son choix.

Au mois de mai 1876 je fus appelé à Paris afin
d'être confronté avec mon ancien intermédiaire. J'entrai dans le cabinet de l'expert à 1 h. de l'aprèsmidi. J'avais été devancé : ce cher Neuburger était
déjà installé dans un fauteuil, l'échine pliée, la tête
légèrement inclinée en-avant, les yeux modestement
baissés, et tournés un peu de côté. Il avait revêtu
pour la circonstance des habits passablement râpés,
peu en harmonie avec son « assez belle fortune. »
Il voulait sans doute me convaincre par sa mine

que, en supposant que j'obtinsse gain de cause devant toutes les juridictions, je n'aurais jamais grand chose à racler sur son épiderme.

Un homme de grande taille, brun et moustachu, était assis près de lui. M. Magnin se tenait debout, adossé à la cheminée.

— Messieurs, dit M. Magnin, je suis prêt à vous entendre. Je n'ai pas besoin de vous recommander, poursuivit-il en se tournant vers moi de ménager vos expressions : pas d'épithètes brutales, pas de propos malsonnants que je serais obligé de réprimer avec sévérité.

— Recommandation de bon augure, pensai-je; il faut que l'expert soit déjà quelque peu édifié, puisqu'il suppose à l'avance que mon langage aura sujet d'être salé.

Je promis de retenir ma langue dans les limites tracées par la bienséance.

— Avant le 7 avril, continua M. Magnin, vous n'avez, je crois, rien eu de sérieux à reprocher à M. Neuburger? nous n'avons pas à nous occuper de vos rapports antérieurs à cette date?

— Non ; répondis-je, décidé à ne pas parler des quelques petits griefs que j'ai signalés en leur lieu et qui n'avaient aucun lien direct avec la principale affaire.

— Alors, nous allons seulement examiner vos relations depuis le 7 avril. Je vous écoute.

Je pris la parole, et commençai en termes brefs l'exposé que le lecteur connaît déjà. Aux premiers mots de la dépêche arrivée — trop tard d'après mon adversaire, avec une heure et quart d'avance d'après la signature de son caissier, — M. Gustave Neuburger bondit sur son siège, et furieux me demanda de quel droit j'avais fait saisir ses livres et examiner ses comptes.

— Silence ! dit l'homme moustachu avec un geste d'autorité, nous répondrons tout-à-l'heure.

M. Magnin et lui employèrent leurs efforts à calmer et à rasseoir l'irascible mari de Madame Neuburger.

Je poursuivis et racontai que ma dépêche du lendemain, remise au *Crédit locatif* dix minutes plus tard que celle de la veille, était cependant arrivée assez tôt, sans doute parce que l'exécution des ordres de vente qu'elle contenait aurait pu m'être désavantageuse si la hausse avait continué.

M. Neuburger, se sentant encore cinglé, se leva une seconde fois, déclara que cet ordre était une confirmation de celui de la veille, et que d'ailleurs il n'était pas coupable des erreurs de ses employés.

— Coupable, répliquai-je, il est possible que non ; mais responsable, cela ne fait pas un pli. Et puis pourquoi n'avez-vous pas répondu à la protestation que je vous adressai immédiatement ? Pourquoi m'avez-vous laissé douze jours dans une incertitude extrêmement préjudiciable à mes intérêts ?

— J'ai écrit à Lorient pour savoir à quelle heure arrivait le courrier. Le directeur de la poste m'a répondu qu'il arrivait à neuf heures et demie; vous aviez donc reçu ma lettre, et votre second ordre était une confirmation.

— Le courrier arrive à la poste à neuf heures et demie; mais les lettres ne sont portées qu'à onze heures aux extrémités de la commune. Vous aviez ma deuxième dépêche à Paris avant que j'eusse votre première lettre d'avis à Lorient. Mon deuxième ordre était un ordre nouveau, et non la confirmation du précédent.

— En tous cas, pour un jour de retard apporté à l'exécution de votre ordre du 7, vous ne perdiez que quatre à cinq mille francs dont je vous aurais tenu compte.

— Il fallait le dire au lieu de garder le silence. Après votre lettre si tardive du 13, en vertu du proverbe « qui ne dit rien consent » je me suis cru vendeur de 100 Espagnol et de 100 Transatlantique, ce jusqu'au 19 avril, jour où seulement alors vous avez jugé à propos de me détromper, semblable à un vol...

Je n'eus pas le temps d'achever; M. Neuburger et l'homme moustachu se levèrent en criant et en me menaçant de leurs longs bras. M. Magnin, plus calme, m'invita à retirer mon expression, que de moi-même j'avais laissée inachevée. Je la retirai avec d'autant plus de facilité.

— J'ai seulement voulu dire, expliquai-je, que M. Neuburger s'était conduit en cette circonstance comme un homme embusqué au coin d'un bois, qui...

Nouvel assaut, nouvelles remontrances.

— Eh mordieu ! cela signifie que vous avez pendant douze jours dissimulé une arme dont tout à coup vous avez essayé de m'accabler, et que cette action n'était pas d'un homme dévoué à son client comme vous prétendiez l'être et comme vous me l'avez même quelquefois écrit.

Afin de ne point tomber dans des redites fastidieuses, je ferai grâce au lecteur de la discussion qui suivit, et dont tous les éléments lui ont passé sous les yeux.

Chacune de mes réfutations des dires de M. le directeur du *Crédit locatif de France* et de l'homme moustachu qui n'était autre qu'un simple agent d'affaires, et qui prenait sans cesse la parole pour mon adversaire, avait le don de les mettre l'un et l'autre en ébullition.

Toutes les fois que j'avais démoli, avec preuves à l'appui, l'échafaudage de leurs faussetés, M. Magnin, rougissant comme une pivoine, se tournait vers eux, lançait sur leurs faces des regards sévères et scrutateurs, et par des phrases inachevées, pleines de points d'interrogation, disait clairement :

— Tout ce que je vois, tout ce que j'apprends est bien différent de ce que vous avez soutenu au parquet et de ce que vous-mêmes avez eu le front de m'affirmer verbalement.

En me résumant, je soutins que toutes les opérations de Bourse que, depuis la liquidation de fin mars 1875, M. Neuburger, violant en cela nos conventions, n'avait pas traitées par le ministère de l'agent de change, devaient être considérées comme nulles et non avenues, et que par conséquent notre compte ayant été réglé au 2 avril, il n'y avait plus de nouveau « compte général, net et irréprochable » à établir entre nous : le premier seul était valable.

— Alors, dit le porte-parole aux moustaches épaisses, toutes les opérations antérieures au 2 avril doivent être aussi examinées à ce point de vue, et il ne peut y avoir de valables que celles qui ont été exécutées par agent de change.

— J'accepte, répliquai-je sans hésiter ; réglons à nouveau sur cette base, et que ce soit fini.

M. le Directeur du *Crédit locatif* exécuta la plus laide de ses grimaces, et son homme d'affaires, qui ne s'était pas attendu à mon acceptation, battit prudemment en retraite.

M. Neuburger cependant risqua sa petite proposition :

— Monsieur m'a versé en totalité, espèces et valeurs, une somme de 18,700 francs, depuis le 1er juin 1874 jusqu'au 2 avril 1875. Je lui ai donné là-dessus une dizaine de mille francs ; il me resterait à lui devoir environ 8,700 francs. Je lui réglerai volontiers ce compte à la condition toutefois qu'il consente à retirer sa plainte.

— Non, non ! rien, rien ! s'écria l'homme moustachu, en essayant d'interrompre mon ancien chef d'administration et en allant jusqu'à lui mettre la main sur la bouche.

Cet arrangement singulier, qui m'aurait réduit au rôle de simple bailleur de fonds de M. et Mme Neuburger pendant un an, n'était pas plus de mon goût que de celui de leur homme d'affaires. Il n'y fut pas donné suite.

La cause avait été entendue. Nous n'avions plus rien à dire ni les uns ni les autres. Neuburger et son truchement se retirèrent.

J'allais en faire autant, lorsqu'en jetant les yeux sur le bureau j'aperçus, parmi les papiers concernant l'affaire, un bordereau de la maison Brunswich-Lhérie. Ce bordereau portait la liste exacte des valeurs sur lesquelles M. Neuburger avait eu « la sagesse » de me reporter à la liquidation du 16 avril, sagesse grâce à la laquelle il avait prétendu m'infliger une nouvelle perte de 44,589 francs.

Je fus un moment atterré. C'était donc bien vrai ! cet innocent et infortuné directeur du *Crédit locatif* avait tout perdu, sinon par l'intermédiaire de l'agent de change, du moins par le canal d'une autre maison qui avait dû, elle, transmettre les ordres à l'agent. Quel nouvel imbroglio ! Comment y réchapper ? Pour le coup, j'allais être contraint de m'exécuter envers M. Neuburger, à moins d'invoquer l'exception de jeu et de consentir à figurer dans quelque Vapereau de la Bourse avec l'épithète de « gredin célèbre » !

La réflexion pourtant me revint avec promptitude.

— Voilà qui est bien extraordinaire, dis-je à M. Maguin. Il y avait un mois à peine que M. le Directeur du *Crédit locatif de France* avait cessé ses relations avec la maison Brunswich-Lhérie pour défaut de paiement, et il aurait communiqué à cette maison de nouveaux ordres de Bourse dès la seconde quinzaine d'avril ! et ces ordres seraient justement ceux qui me concernent, pas un de plus, pas un de moins?

— Tiens, tiens! fit M. Magnin.

— C'est singulier!

— Vous faites bien de me dire cela, je vérifierai.

Et à mon tour je pris congé de l'expert.

Quelques jours après, avant de rentrer en Bretagne, je retournai faire une visite à M. Magnin.

— Eh bien?

— Justement, je vous tiens.

— Ah! ah!

— En ce moment j'établis votre compte.

— Avez-vous fait quelque découverte.

— Oui.

— Et... peut-on savoir?...

— Non, je ne puis rien vous dire.

— Me rendra-t-on quelque chose?

— Oh ! évidemment.

— Quelle somme à peu près ?

— Il ne m'est pas permis de vous répondre.

— Et... le patron ? y échappera-t-il ?

— Je ne saurais préjuger de rien ; mais j'en ai vu qui pour bien moins ont été coffrés.

— Cette fois du moins il ne l'aura pas...

— Chut!

— Bah ! aujourd'hui il n'est pas là !

— Allez-vous en !

XIX

Longtemps, longtemps après, dans un moment où je croyais l'affaire remise à d'interminables calendes, je reçus de mon avoué une lettre qui m'apprit qu'une ordonnance de non-lieu avait été rendue par le parquet en faveur de M. Neuburger, mais que le rapport de M. Magnin n'en accablait pas moins mon adversaire d'un bout à l'autre et me constituait son créancier pour la somme de 71,488 fr.

L'ordonnance de non-lieu était ainsi conçue :

« Attendu que les faits constatés par l'instruction rapprochés des fautes commises par Laurent dans la direction de ses jeux de Bourse ne renferment pas tous les éléments constitutifs du délit d'escroquerie ou d'abus de confiance ; que dès lors et par ce seul motif, les agissements de Neuburger, quelque répréhensibles qu'ils puissent être, échappent à l'application de la loi pénale.

« Vu l'article cent vingt-huit du Code d'instruction criminelle.

« Déclarons n'y avoir lieu, etc. »

Vous voyez bien, Monsieur Neuburger, le parquet tout en se déclarant impuissant, reconnaissait que vous aviez agi aussi mal que possible.

Mais comment madame Neuburger, qui n'eut jamais pour moi que des attentions aimables et bienveillantes, qui semblait me témoigner un si réel intérêt, ne vous a-t-elle point retenu sur le bord ? pourquoi n'employa-t-elle pas en ma faveur, et surtout au profit de votre considération, cette douce et irrésistible influence que possède toujours une jolie femme sur l'esprit d'un bon mari ?

L'ordonnance disait aussi que j'avais imprimé une fausse direction à mes affaires de Bourse. Je défie bien le plus habile cocher de fiacre de mener droit son véhicule lorsque lancé dans une pente, il reçoit la secousse d'un lourd omnibus qui vient par le travers assaillir et culbuter ses chevaux. Vous fûtes l'omnibus, ô Neuburger ! Et cependant, ayant éventé votre ruse, j'ai su, en versant, me retrouver debout, avec tous mes colis, c'est-à-dire avec mes titres et mes espèces.

Il nous reste à voir maintenant si, ayant échoué dans vos premières combinaisons, vous allez, par d'autres moyens, réussir à vous approprier ce qui, d'après les faits et les comptes, a été reconnu mon entière propriété.

Mon avoué, Mᵉ Delessart, ajoutait que, le rapport de l'expert à la main, j'étais admirablement fondé à intenter à mon adversaire une action civile en recouvrement de ma créance. J'invitai l'avoué à

pousser immédiatement l'affaire en ce sens. En
même temps je lui écrivais de m'expédier une copie du rapport de M. Maguin, curieux que j'étais
d'en prendre connaissance. Me Delessart ne me répondit point. Entraîné par d'autres préoccupations
et familiarisé avec les lenteurs traditionnelles des
gens de loi, je me dispensai, pour le moment, d'in-
sister.

XX

JUSTICE ET POLITIQUE

J'eus tout le loisir de méditer le fond et les termes de l'ordonnance, grâce à laquelle madame Neuburger échappait au déplaisir d'être pendant plusieurs mois privée de son aimable mari.

J'admettais jusqu'à un certain point que le susdit eût pu, sans rendre compte à la justice, mettre le grappin sur les bénéfices que m'avaient procurés mes opérations à terme, la loi n'accordant aucun recours pour faire rentrer les créances obtenues à l'aide du jeu, y compris les sommes ayant servi de couverture, et les opérations de Bourse à terme étant considérées comme jeu. Mais mes titres au comptant, achetés régulièrement et payés à l'aide d'espèces sonnantes, puisées dans mon propre fonds, le tout en conformité des articles de loi spécifiés dans le Code de commerce, cela me paraissait fort.

Nous vivions, il est vrai, à une époque profondément troublée, le beau temps de l'*Ordre moral*. On se souvient des persécutions et des avanies de

6

tout genre qui atteignaient alors tout ce qui, de près ou de loin, tenait au parti républicain.

Or, j'étais l'un des hommes les plus mal notés de mon département. Je venais d'écrire l'*Histoire de la Bretagne républicaine ;* j'étais en bisbille avec M. le contre-amiral Gicquel des Touches, préfet maritime à Lorient, clérical de la plus belle eau, qui s'étant cru visé dans un article que j'avais adressé, en amateur, à l'*Impartial Lorientais*, avait invoqué la raison d'état de siège et suspendu ce journal pour deux mois. J'avais pu enfin, en même temps que beaucoup d'autres de mes concitoyens, rendre à la cause, désormais nationale de la République, quelques bons offices qui m'avaient attiré l'animadversion du parti contraire.

Lorsque le célèbre chevalier de Mun, serré à Pontivy, aperçut la poussière de si près que s'il avait eu seulement cent soixante soldats de moins, il la mordait entièrement, les cléricaux m'attribuant une part ridiculement exagérée dans les résultats et, voulant se venger sur quelqu'un, m'assaillirent de trois plaintes en police correctionnelle, une de l'évêque M. Bécel, la seconde de M. le commandant de gendarmerie de Belle-Isle, la troisième de M. le directeur du *Journal du Morbihan ;* en sorte que, tandis que je cherchais à traquer M. Gustave Neuburger à Paris, j'étais moi-même traqué à Lorient. Quelle tuile pour les cléricaux, si j'avais pu employer contre eux, comme c'était mon intention première, le dixième seulement de ce que

M. le directeur du *Crédit locatif de France* retenait injustement entre ses mains crochues !

Le parquet de Paris ne permit point que cette tuile leur tombât sur la tête; et les cléricaux, qui eurent bientôt vent de l'ordonnance de non-lieu, se frottèrent les mains. Mais ils ne s'en portèrent pas mieux pour cela, car il y avait, Dieu merci, dans le département d'autres dévouements que le mien.

Je ne rapporte point tout ceci pour accuser la justice de partialité : je rappelle seulement les pensées qui, étant données les allures de l'époque, roulèrent alors invinciblement dans mon cerveau.

Je n'en persistai pas moins, quoique avec mélancolie, à poursuivre mon affaire devant la juridiction civile, et à lutter en Bretagne, simple soldat, autour du drapeau sous lequel je m'étais rangé.

XXI

AU TRIBUNAL CIVIL

Sur ces entrefaites, mon ancien élève et ami
M. Joseph Reinach, m'écrivit :

— Je viens de me faire recevoir avocat ; n'auriez-
vous point par hasard quelque procès à l'horizon ?

— Comme ça se trouve ! répondis-je.

« Il ne m'en reste plus que quatre ou cinq petits. »

Voulez-vous plaider celui que j'ai à Paris ?

— Volontiers. Envoyez-moi les pièces.

Je le mis en relations avec mon avoué, Me Delessart, que j'invitai à s'entendre préalablement
avec moi sur la forme à donner à nos conclusions.
Celui-ci jugea superflue cette entente préliminaire
et ne répondit pas à ma demande. L'affaire, en effet,
semblait si simple !

Elle fut plaidée à la deuxième chambre. M. Neuburger, prétendant que « les assertions du sieur
Laurent recueillies par le sieur Magnin, expert,
étaient controuvées » se portait partie reconven-

tionnelle et me réclamait le paiement de la somme de 58,000 fr.

Me Delessart présenta, à mon insu, les conc'usions suivantes :

« Attendu qu'au mois de juin 1874, le sieur Laurent était entré en relations d'affaires avec le sieur Neuburger, et l'avait chargé de faire pour son compte des opérations de Bourse; qu'à cet effet il lui avait remis diverses couvertures soit en argent, soit en titres; que ces opérations s'étaient continuées jusqu'au mois de mai 1875;

« Qu'à ce moment, le 3 mai, des difficultés s'étant élevées entre les parties au sujet de la remise des valeurs données par Laurent en couverture, ce dernier avait déposé contre Neuburger une plainte en abus de confiance et s'était porté partie civile;

« Qu'à la suite de cette plainte, une instruction confiée à M. Guillot, juge, M. Magnin. expert comptable, avait été chargé de faire un rapport sur l'affaire, et que ce rapport avait été déposé le 28 mars 1876, qu'il résultait des termes de ce rapport que Neuburger était débiteur de Laurent d'un solde de compte s'élevant à la somme de 71,488 fr. tant en argent qu'en valeurs;

« Que l'instruction suivie contre Neuburger s'était terminée par une ordonnance de non-lieu du 7 juillet dernier (1876), que malgré cette ordonnance il n'était pas moins établi par le rapport du sieur Magnin que le sieur Neuburger était débiteur du sieur Laurent de la somme ci-dessus, qu'il refusait la restitution de cette somme sous divers prétextes tous moins sérieux les uns que les autres, et qu'il était constant au contraire d'après les conclusions de l'expert que Neuburger était débiteur de la somme ci-dessus;

« Fait donner au sieur Neuburger assignation à comparaître pour s'entendre condamner, etc. »

Présentée sous cette forme, l'affaire était perdue avant d'être plaidée. D'abord les difficultés survenues entre M. Neuburger et moi avaient commencé le 7 avril et non le 3 mai, et puis la jurisprudence a consacré que, en matière de Bourse, toutes les valeurs ou espèces servant de couverture pour des opérations à terme sont considérées comme enjeu et faisant partie d'un genre de dettes pour lequel la loi refuse toute action civile.

La deuxième chambre rendit, en effet, à la date du 15 février 1878, l'arrêt suivant :

« Attendu qu'il résulte des renseignements fournis, notamment du rapport de l'expert commis au cours de la procédure instruite contre Neuburger que les opérations faites par ce dernier pour le compte de Laurent n'avaient pas pour but d'arriver à la livraison ou à la levée des titres vendus ou achetés, mais devaient se régler par le paiement de simples différences ;

« Qu'aux termes de l'article 1965 du Code civil, la loi n'accorde aucune action pour une dette de cette nature ;

« Par ces motifs :

« Déclare Laurent non recevable dans sa demande et l'en déboute, etc. »

Le tribunal ne prit même pas la peine de rejeter la demande reconventionnelle du sieur Neuburger, et je fus seul condamné aux dépens.

Avant de maudire mes juges qui, en bonne conscience, aussi peu éclairés qu'ils l'avaient été, ne pouvaient guère juger autrement, je suppliai mon avoué de vouloir bien m'envoyer le rapport de M. Magnin, qu'il se décida enfin à m'expédier.

XXII

LE RAPPORT DE L'EXPERT

« M. Laurent, écrivait M. Magnin à M. le juge d'instruction Guillot, est entré au mois de juin 1874 en relations d'affaires avec M. Neuburger, changeur, ci-devant rue de Buci, 2, et actuellement rue de Lafayette, 54. Il le chargea de faire pour son compte des opérations de spéculation à la Bourse, et lui remit à cet effet diverses couvertures soit en argent, soit en titres. »

Voilà, dès le début, l'affirmation qui a causé l'erreur de mon avoué Mᵉ Delessart, et qui m'a été funeste devant la plupart des magistrats. M. Magnin fut trompé par l'apparence : la grande quantité de mes opérations à terme lui fit admettre comme supposable et comme vrai que, en tout temps, tous mes titres et espèces avaient été engagés comme couverture. Le fait d'avoir opéré sur une aussi forte échelle devint pour lui une preuve de ce qui n'avait jamais été convenu entre M. Neuburger et moi.

« Les opérations ne tardèrent pas à prendre une certaine extension, s'augmentant de jour en jour.

« Le 31 mars 1875, ou plutôt après la liquidation de mars, c'est-à-dire le 3 avril 1875, M. Laurent était créancier en compte courant chez Neuburger d'une somme totale de 71,488 fr. (Suit le détail de cette créance).

« Les versements d'argent ou les remises effectives de titres par Laurent à Neuburger représentaient les sommes suivantes :

« Espèces au début des opérations.....	8.750 »
« 9 actions Crédit Mobilier vendues pour	2.500 30
« 69 actions Romaines vendues pour ...	5.708 35
« 17 obligations Immobilières vendues pour.....................	1.814 65
« Ensemble......... .	18.773 30

« Mais, par contre, il avait retiré de la caisse de Neuburger en différentes fois jusqu'au 2 avril inclus, pour une somme totale de.... .... 10.940 60

« Ce qui réduisait à net.......... 7.832 70

les versements effectifs de Laurent en titres et en espèces. »

En lisant ceci, il semble patent que pour faire mes opérations à terme je versai à Neuburger, en couverture, une somme totale de 7,832 fr. 70. Le lecteur et M. Maguin lui-même qui, tout à l'heure, présentera les comptes différemment, savent ce qui en est. En outre, il n'est pas plus question, dans cet exposé, de mes opérations au comptant que si elles n'avaient jamais été, et cependant, d'après les comptes mêmes de mon dépositaire présentés au parquet, j'en avais fait pour une somme totale de 83,300 et quelques francs, sur laquelle j'avais recueilli un bénéfice d'environ 6,000 fr. Si M. Magnin avait pu prévoir que les juges s'appuieraient sur sa manière de voir pour me débouter en invoquant l'exception de jeu, il m'eût certainement au préalable demandé des éclaircissements ; et si moi-même j'avais pu avoir cette prescience, je lui aurais fourni des éléments qui l'auraient autant édifié sur ce point qu'il le fut sur tous les autres.

Le rapport faisait ensuite l'exposé de mes démêlés avec M. Neuburger depuis le 7 avril, et donnait copie de notre correspondance télégraphiée et écrite.

Puis il se livrait aux appréciations suivantes :

« I. — Dépêche du 7 avril.

« Il n'est contesté par personne que la dépêche du 7 avril qui portait ordre de vendre au premier cours 50 Espagnol, 50 Transatlantique, 50 Franco-Egyptienne, est arrivée à 10 h. 50 entre les mains de Neuburger, heure plus que suffisante pour lui permettre de transmettre à son agent l'ordre qu'il avait reçu lui-même ; le lendemain 8, Neuburger recevait une lettre de même nature à 11 h., et le jour même il informait son client qu'il avait exécuté l'ordre de vente au premier cours que portait cette seconde dépêche.

« L'explication donnée par Neuburger relative au défaut d'exécution de l'ordre du 7, à savoir que la dépêche lui était arrivée un peu tard, n'est donc pas une explication vraie, sincère ; il nous a déclaré que le véritable motif du défaut d'exécution de cet ordre avait été l'impossibilité par son agent d'exécuter cet ordre au premier cours. Il avait transmis, dit-il, à son agent, M. Roblot, l'ordre de vendre au premier cours les trois valeurs indiquées par la dépêche de Laurent. M. Roblot n'a pu vendre que les 50 Franco-Egyptienne ; mais n'a pu trouver acheteur au premier cours, ce jour 7 avril, pour les 50 Transatlantique et les 50 Espagnol.

« Cette explication diffère, comme on le voit, de la lettre du 7 avril écrite par Neuburger à Laurent.

« Indépendamment de ce fait que Neuburger ne peut fournir la preuve qu'un ordre de cette nature a été réellement transmis à M. Roblot, les comptes de cet agent démontrent que l'explication de l'inculpé n'est pas vraie, au moins pour partie : le 7 avril M. Roblot n'a pas vendu pour Neuburger les 50 Franco-Egyptienne que ce dernier prétend cependant avoir vendues par son intermédiaire pour le compte de Laurent, M. Roblot a vendu pour Neuburger 50 Transatlantique à 385 fr. (le premier cours a été de 386 25) et 50 Espagnol (le premier cours a été de 1,485 fr.). Les cours de ces valeurs, les mêmes que celles données à vendre par Laurent, étaient à quelques francs près les mêmes que ceux du premier cours, et cependant Neuburger a prétexté de l'heure tardive de l'arrivée de la dépêche et de la baisse du cours pour ne pas exécuter l'ordre en apparence vis-à-vis de Laurent, et s'appliquer à lui-même l'opération.

« Le 8, il est vrai, sur la nouvelle dépêche de Laurent, arrivée cependant dix minutes plus tard que celle de la veille, Neuburger a avisé son client de la vente au premier cours des 50 Espagnol à 1,420 fr. et 50 Transatlantique à 365, ce qui procurait à Laurent une perte de 4,000 fr. sur les cours de la veille; mais ici, Neuburger n'était pas de bonne foi : cette opération du 8 qu'il disait avoir faite, il ne l'a pas traitée, les comptes de M. Roblot, son seul agent, n'en font aucune mention.

II. — PROMESSES DE NEUBURGER

« La correspondance que nous avons analysée démontre d'une manière évidente que Neuburger a, jusqu'au dernier moment pour ainsi dire, entretenu Laurent dans cette espérance qu'il allait lui envoyer des fonds; par sa lettre du 7 avril, Neuburger promettait l'envoi de 5,000 fr. pour le lendemain 8, somme qui n'a pas été envoyée; le 12 avril, il promettait encore un envoi à partir du 15, envoi qui n'a pas eu lieu.

« Toutes ces promesses, dit le plaignant, tous ces sentiments d'honnêteté dont l'inculpé faisait parade, m'ont entretenu dans cette confiance que mes intérêts ne couraient aucun risque; toutes ces circonstances m'ont amené à continuer par l'intermédiaire de Neuburger des opérations que j'aurais arrêtées immédiatement si j'avais pu savoir à ce moment que ledit Neuburger me trompait, n'exécutait pas mes ordres, et ne cherchait qu'à temporiser pour, à un moment donné, faire apparaître des pertes imaginaires qui lui permettraient de s'appliquer tous mes bénéfices antérieurs, toutes les sommes d'argent, toutes les valeurs que je lui avais déposées en couvertures. »

Ces valeurs, on l'a vu, n'entraient pas dans ma couverture : elles étaient uniquement consacrées à des opérations au comptant.

« A ces vues Neuburger répond que s'il n'a pas envoyé à Laurent les fonds promis, c'est qu'il ne voulait pas augmenter ses risques de pertes en présence de la situation chargée que Laurent avait à la Bourse; que la couverture qui lui avait été remise était trop peu importante pour faire face aux pertes que pouvaient produire toutes les valeurs dont Laurent était acheteur. »

Je le crois bien ! M. Neuburger, dans sa lettre du 13 avril (voir page 52), évaluait lui-même cette couverture à moins de 4,000 fr., bien que je l'eusse autorisé à prendre en cas de besoin sur les sommes versées pour ma souscription au *Crédit locatif*.

« Cette explication de Neuburger ne nous semble pas admissible; le 7 avril, il ne pouvait prévoir les résultats de la liquidation du 15: et les sommes que d'après ses comptes il reconnaissait devoir à Laurent étaient alors PLUS QUE SUFFISANTES pour lui permettre d'envoyer à Laurent les 5,000 fr. demandés par celui-ci et promis de jour en jour, le 12 avril Neuburger chiffrait lui-même à 50,000 fr. les sommes que Laurent pouvait perdre, et il avait encore appartenant à Laurent d'après ses propres comptes une couverture en espèces et en valeurs de plus de 70,000 fr., somme PLUS QUE SUFFISANTE pour couvrir cette perte et envoyer un solde quelconque à partir du 15. »

En lisant les mots deux fois soulignés ci-dessus, j'espérai fermement que, en Cour d'appel, les juges verraient que les valeurs que j'avais chez Neuburger ne pouvaient raisonnablement pas être considérées comme entrant toutes dans ma couverture, et je comptai sur mes explications pour achever de les éclairer et les amener à établir une stricte et rigoureuse distinction.

« D'ailleurs si Neuburger avait été soucieux de ses propres intérêts, s'il avait réellement craint que la position chargée de Laurent n'amenât des pertes importantes qui auraient absorbé au-delà tout l'avoir de ce dernier, pertes dont lui-même aurait eu, à défaut de Laurent, à supporter toute la responsabilité, on ne s'explique pas le silence que l'inculpé a gardé vis-à-vis de son client pendant cette première quinzaine d'avril; Neuburger aurait fait des opérations considérables pour le compte de Laurent; ces opérations considérables, par suite de l'état de la Bourse, pouvaient amener des pertes importantes, ces pertes pouvaient absorber tout ce qu'il avait à Laurent, le mettre lui-même dans la nécessité de payer de sa caisse une différence importante; et dans de telles circonstances, en présence de telles éventualités, Neuburger n'aurait rien dit, n'aurait rien fait, attendant patiemment les ordres de son client, sans prendre les plus vulgaires précautions !

« Bien plus, après la liquidation de quinzaine, alors que la plupart des valeurs ont été reportées avec une perte, suivant les comptes de 50,000 fr., alors que la baisse s'accentue de plus en plus après le 16, alors que des pertes plus grandes encore sont à redouter, lesquelles cette fois absorberont bien au-delà le crédit de Laurent, que fait Neuburger? Après la liquidation de quinzaine il ne donne plus signe de vie, ne s'occupant pas plus de ses opérations avec Laurent que si elles n'avaient existé : c'est le 26, à la veille d'une liquidation désastreuse, qu'il se borne à demander ce que son client entend faire ?

« Un pareil mode d'agir n'est pas admissible en présence de semblables éventualités; et si tels ont été les agissements de Neuburger, c'est qu'il n'a pas réellement fait les opérations qu'il dit avoir traitées, profitant de la baisse qui est survenue pour dresser des comptes imaginaires qui de débiteur le faisaient devenir créancier.

« III. — Liquidation des 15 et 30 avril

« Nous avons demandé à Neuburger de nous justifier la sincérité et la réalité des opérations qu'il dit avoir faites pour le compte de Laurent et qui auraient constitué ce dernier en pertes pour les deux liquidations d'une somme de plus de 97,000 fr.

« Neuburger, dans le principe, nous a déclaré qu'il avait traité ces opérations soit chez M. Roblot, agent de change, soit chez MM. Brunswich-Lhérie et Cᵉ, banquiers, 16, rue Grange-Batelière, nous promettant la remise des comptes émanant de ces deux maisons et justifiant les opérations.

« Ces comptes n'arrivant pas, vous avez demandé à M. Roblot de vous délivrer la copie des comptes Neuburger pour les deux liquidations du 15 et du 30 avril 1875. M. Roblot a déposé deux comptes (pièces annexées n° 14 et n° 15) desquels il résulte que Neuburger n'a perdu que des sommes insignifiantes et dans lesquelles on chercherait en vain les opérations concernant Laurent.

« Nous nous sommes adressé à MM. Brunswich-Lhérie et Cⁱᶜ, lesquels nous ont déclaré qu'ils n'avaient fait aucune opération en avril 1875 avec Neuburger. (Tiens, tiens! et le fameux bordereau de cette maison que j'avais entrevu sur le bureau de l'expert, et en vertu duquel j'avais été exécuté fin avril sur toutes les valeurs que M. Neuburger avait eu la « sagesse » de reporter ?)

« Si l'on examine d'un autre côté les carnets de liquidation d'avril 1875, de Neuburger, on n'y trouve aucun client ayant gagné chez ce dernier les sommes que Laurent auraient perdues à ces deux liquidations. »

XXIII

En jetant les yeux sur les alinéas qui suivaient ces édifiantes révélations, j'eus tout-à-coup un éblouissement.

Mes yeux berlutaient, et les lettres dansaient comme les couches d'air en vibration d'une ardente journée d'été, au-dessus des plaines et des moissons dardées par le soleil.

— Non, non! m'écriai-je, ce n'est pas possible!

Je relus attentivement. Le doute n'était pas permis; c'était bien ce que j'avais vu du premier coup. Je demeurai étranglé, anéanti.

M. Magnin poursuivait en ces termes :

« Dans les pièces saisies chez Blanchard il a été trouvé cependant un bordereau (pièce n° 16) émanant de la maison Brunswich-Lhérie et Cⁱᵉ, et énonçant la vente par leur intermédiaire, pour compte de Neuburger à la liquidation du 30 avril 1875, des mêmes valeurs dont Laurent était acheteur. Ce bulletin établissait, suivant Neuburger, la preuve des opérations exécutées pour

Laurent, lesquelles à cette dernière liquidation avaient produit une perte de 44,589 francs.

« Nous avons demandé à MM. Brunswich-Lhérie et C° des renseignements sur la valeur de ce bordereau, et ces derniers nous ont déclaré que les opérations qu'il constate *n'avaient pas été traitées*, qu'ils avaient rédigé le dit bordereau, de complaisance et sur la demande de Madame Neuburger. »

La foudre tombant à mes pieds ne m'aurait pas plongé dans une stupeur plus grande.

— Quoi, Madame ! . . . .

. . . .

. . ..

. . . .

Ces lignes de points tiennent la place du déluge de pensées qui m'assaillit lorsque j'eus repris mes sens, pensées bouillonnantes, confuses, inextricables, que la plume est impuissante à décrire.

!!!

Et ces trois points d'exclamation figurent les larmes que je versai.

. . . .

O Rébecca !

XXIV

SUITE ET FIN DU RAPPORT DE L'EXPERT

« De tous ces faits, de toutes ces circonstances il résulte donc la preuve que les opérations indiquées par
Neuburger dans ses comptes avec Laurent comme ayant
été traitées en avril 1875 ne sont que des opérations fictives, imaginaires.

RÉSUMÉ

« En résumé de ce qui précède il résulte :

1º Qu'en 1874 et 1875 Laurent a remis
àNeuburger à titre de couverture d'opérations de bourse (toujours!) des fonds et
des valeurs pour une somme de......... 18.773 30

2º Que de juin 1874 à fin mars 1875,
Neuburger a remis à Laurent des comptes
établissant que ce dernier avait réalisé des
bénéfices s'élevant à................... 63.655 30

        « Ensemble........ 82.428 60

« 3º Que dans la même période Laurent

        A reporter..... 82.428 60

Report..... 82.428 60

a retiré de la caisse de Neuburger en compte
de ces opérations une somme totale en ar-
gent de 10.940 60

Le lecteur peut remarquer que cette
nouvelle manière de présenter mes
comptes diffère sensiblement de celle
que j'ai signalée au début du rapport;
elle est, sauf le silence absolu sur mes
opérations au comptant, conforme à la
réalité.

« 4° Qu'ainsi, au 31 mars 1875, Laurent,
d'après les propres comptes de Neuburger
était créancier de ce dernier de .... 71.488 »

représentés par un crédit en compte-cou-
rant de 38.894 85
et par diverses valeurs de bourse (page 2)
que Neuburger disait avoir achetées, qu'il
devait avoir par suite dans son portefeuille
appartenant à Laurent, les dites ayant
coûté au prix d'achat 32.593 15

« Total .... 71.488 »

« 5° Qu'en avril 1875, par des opérations simulées,
appuyées d'un bordereau de complaisance, Neuburger
a fait apparaître à la charge de Laurent des pertes s'é-
levant à 97,726 fr. 10, lesquelles avaient pour résultat de
faire disparaître tout ce que Laurent avait déposé, tout ce
qu'il avait gagné d'après les comptes de Neuburger, et

même de le constituer débiteur de ce dernier d'une somme excédant encore au minimum 26,000 francs. (Page 23).

« Paris, 28 mars 1876.

« Signé : AUG. MAGNIN. »

· La page de ce rapport, (page 23), à laquelle l'expert renvoie M. le juge d'instruction, relate les dires de Neuburger, dires d'après lesquels je serais encore redevable à mon dévorant ex-directeur du *Crédit locatif* de la somme de 56,831 25.

« Neuburger, ajoute aussitôt M. Magnin, omet de faire état à Laurent des valeurs s'élevant à 32,593 fr. 15 (page 2) aux prix d'achat, qu'il devait avoir appartenant à ce dernier et provenant des *achats fermes* que dans ses comptes il dit avoir effectués pour lui. »

Voilà le seul passage du rapport où il est fai une vague et rapide allusion à mes opérations au comptant, lesquelles étaient rigoureusement distinctes de mes opérations à terme, et auraient dû devenir de la part de l'expert et des juges l'objet d'un examen spécial. Je me promis de faire moi-même cet examen en Cour d'appel, et, toutes pièces à l'appui, de démontrer que les premiers juges, aux termes même de leur jugement, devaient me déclarer bien fondé en ma demande au moins pour celles de mes opérations qui justement avaient pour but « la livraison des titres ou leur levée en liquidation. »

Connaissant parfaitement la solidité de mon affaire à ce point de vue, M. le Directeur du *Crédit locatif de France* n'avait pas osé invoquer de lui-même devant le tribunal le moyen si simple de l'exception de jeu pour devenir légitime propriétaire non-seulement de mes espèces, mais encore de mes valeurs. On a vu comment il accusa de fausseté les assertions de M. Magnin, les propres paroles qu'il avaient prononcées chez l'expert, et tout ce qu'il avait personnellement écrit et signé ; et comment il se porta partie reconventionnelle contre moi pour une somme de 56,000 francs. Oh ! dans quelle extase mêlée d'amertume le jugement dut plonger son âme ! Sa joie et ses regrets furent sans doute « immenses » comme sa probité : joie de voir désormais les 70,000 francs qu'il avait accaparés à l'abri de mes revendications, regrets d'avoir échafaudé tant de misérables machines destinées à être renversées de fond en comble par l'expertise, et d'avoir été jusqu'à compromettre sa jeune et charmante femme chez MM. Brunswich-Lhérie !

— Stupide, stupide, stupide, dut-il s'écrier à plusieurs reprises en tortillant les poils courts et piquants de sa barbe rougeaude. Je pouvais tout garder ! et pour atteindre ce résultat je n'avais à faire à mon client... qu'un pied de nez ! Et j'ai pu... Stupide, stupide, stupide !

M. Neuburger se promit bien de ne plus être si sot à l'avenir.

XXV

J'interjetai appel du jugement rendu en première instance, et je rentrai à Paris vers le milieu de l'année 1878 afin de suivre mon affaire de près. Elle demeura inscrite au rôle environ deux ans. J'étais émerveillé de voir dans les journaux d'autres affaires venir après la mienne et recevoir une solution au bout de quelques mois : je me demandais par quelles raisons mystérieuses la justice, si expéditive en faveur des uns (*pedibus addidit alas*) prend tant ses aises avec les autres (*pede claudo*). Mais la justice est la justice, et la loi nous ordonne de respecter tout ce qu'elle fait. Obéissons.

Mon tour arriva en mars 1880, ne voulant pas abuser de la gracieuse obligeance de Mᵉ Joseph Reinach, je m'étais préparé à plaider ma cause moi-même en apportant aux débats des documents qui n'avaient pas figuré en première instance. Je me présentai à la barre, assisté de Mᵉ Fabignon, avoué, qui signifia les conclusions suivantes :

« Attendu qu'au mois de juin 1874 le sieur Lauren

avait remis au sieur Neuburger, changeur, en valeurs et en espèces, la somme de 18,777 fr. 30; en espèces 8,750 fr.; 9 actions du Crédit mobilier vendues 2,500 fr. 30; 69 actions romaines vendues 5,708 fr. 35, et 17 obligations immobilières vendues 1,814 fr. 65;

« Qu'en remettant ces sommes et valeurs au sieur Neuburger, le sieur Laurent l'avait chargé de faire pour son compte diverses opérations d'achat et de vente de valeurs au comptant; que le résultat de ces opérations au comptant s'élevait au profit du sieur Laurent, le 31 mars 1875, à une somme de 21,241 fr. 40 représentée par 1°: 25 Ottomanes 1873 achetées, le 9 octobre 1874, 5,741 fr. 45; 2° 50 Pampelune achetées, le 21 janvier 1875, 9,481 fr. 35; 3° 25 Ottomanes 1873 achetées le 8 février 1875, 6,883 fr. 65, total des dites valeurs 21,107 fr. 15: à quoi il fallait ajouter un solde de caisse de 134 fr. 25, somme égale : 21,241 fr. 40.

« Qu'en dehors de ces opérations le sieur Neuburger en avait fait d'autres à terme, par l'intermédiaire d'agent de change selon les conventions établies entre son client et lui ainsi qu'il serait prouvé, opérations ayant pour but la levée des titres pour le compte du sieur Laurent; et que le résultat de ces opérations avait été, au 31 mars 1875, une somme de 8,225 fr. représentée par 50 Pampelune. 231 fr. 65 pour solde en espèces; total 8,456 fr. 65.

« Qu'en troisième lieu le sieur Neuburger ayant fait pour le compte du sieur Laurent, toujours par agent de change et suivant les conventions établies, plusieurs séries d'opérations à terme qui s'étaient résolues par des différences à l'avantage du sieur Laurent, montant à une somme de 41,558 fr. 30, le sieur Neuburger s'était exécuté en employant cette somme, d'après les ordres du sieur Laurent, savoir : 1° à l'achat au comptant de 50 Rivoli payés 4,862 fr. 60, le 4 mars 1875 ; 2º à une souscription de 100 titres du Crédit locatif société en formation et pour laquelle un à-compte de 36,695 fr. 70 avait été versé par le sieur Neuburger pour le compte du sieur Laurent ;

« Qu'en réunissant ces diverses sommes, savoir :

1º Résultat des opérations au comptant..	21.241 40
2º Titres levés...........................	8.456 65
3º Titres achetés avec les différences.	41.558 30
On obtenait un total de...........	71.256 35

« Que par une dépêche du 7 avril 1875 le sieur Laurent avait envoyé l'ordre formel au sieur Neuburger de vendre pour se liquider 50 Mobilier espagnol, 50 Transatlantique, 50 Franco-égyptienne ; que Neuburger n'avait pas exécuté cet ordre et prétendu néanmoins faire supporter par le sieur Laurent les conséquences de la baisse survenue peu après cette époque sur les valeurs ;

« Qu'il n'avait tenu aucun compte des protestations que le sieur Laurent n'avait cessé depuis le 8 jusqu'au 16 avril de lui adresser, et n'avait point à cette date liquidé la situation ainsi qu'il en avait eu l'ordre au cas où il aurait refusé d'admettre les protestations de son client, sans recours d'ailleurs des conséquences produites par la non exécution des premiers ordres ;

« Qu'à la suite d'une plainte en abus de confiance portée par le concluant contre l'intimé, le sieur Magnin expert-comptable, avait été chargé de faire un rapport sur l'affaire et avait constaté d'une façon incontestable que Neuburger était redevable de 71,488 fr. tant en argent qu'en valeurs. résultat supérieur de 231 fr. 65 à celui établi ci-dessus :

« Qu'encore bien que la plainte en abus de confiance ait été suivie d'une ordonnance de non lieu, il n'en restait pas moins établi par les comptes relevés rigoureusement dans le rapport de l'expert que Neuburger était débiteur de la somme sus-énoncée.

« Que les premiers juges, sans examiner les comptes d'entre les parties, avaient cru devoir admettre l'exception de jeu en se basant sur les termes de l'article 1905 du Code civil. Mais qu'il ressortait des comptes établis par l'expert Magnin, ainsi que du relevé des comptes présentés par Neuburger, de même que des bordereaux et de la correspondance de ce dernier, que les opérations faites d'après les ordres et dans l'intérêt du sieur Laurent avaient été des plus sérieuses et avaient abouti pour la plupart à la levée des titres.

(Je voulais que mon avoué mît « en partie » au lieu de « pour la plupart » ce qui eût été plus conforme à la stricte vérité ; mais il paraît que en langage judiciaire il faut toujours grossir les objets, afin que les juges, les examinant comme à travers une loupe, puissent les voir plus distinctement).

« Que ces comptes qui passeraient sous les yeux de la cour démontreraient sans contestation possible que le plus grand nombre (un grand nombre) des opérations faites par Neuburger pour le compte du sieur Laurent avaient consisté dans des achats et des ventes au comptant ;

« Que d'autre part les bénéfices ayant résulté pour le sieur Laurent des opérations faites à terme avaient été appliquées par le sieur Neuburger à l'achat de titres faits pour le compte du sieur Laurent ;

« Qu'ainsi le sieur Neuburger avait réglé ce qu'il devait au sieur Laurent en convertissant en valeurs achetées sous le nom de ce dernier et par son ordre les sommes provenant des opérations faites ;

« Qu'en conséquence, aux termes de l'article 1967 du Code civil, l'exception de jeu n'aurait su être opposée par le sieur Neuburger, et qu'elle n'aurait pas dû être admise d'office par les premiers juges ;

« Au fond, que d'après les comptes établis ci-dessus, le sieur Neuburger devait au sieur Laurent, le 31 mars 1875 la somme de 71,256 fr. 35 ; que la non-exécution par le sieur Neuburger des ordres portés par la dépêche du 7 avril 1875 et la fausse interprétation volontaire de ses ordres de liquidation totale pour le 16 du même mois engageaient la responsabilité du dit sieur Neuburger et mettait le sieur Laurent à l'abri des effets de la baisse qui avait eu lieu postérieurement ;

« Que par suite le sieur Neuburger n'aurait su être recevable à porter au compte et au débit du sieur Laurent les résultats des liquidations des 15 et 30 avril 1875;

« Qu'en outre, d'après les vérifications de l'expert Magnin le sieur Neuburger n'avait pu justifier la sincérité et la vérité des opérations qu'il disait avoir faites pour le compte du sieur Laurent les 15 et 30 avril 1875, et qui auraient constitué ce dernier en perte pour les deux liquidations d'une somme de plus de 97,000 fr.

« Que dans les carnets de liquidation d'avril 1875 de Neuburger on n'avait trouvé aucun client qui aurait gagné chez ce dernier la somme prétendue perdue par le sieur Laurent ;

« Qu'il résultait de ces faits et de toutes les circonstances de la cause qui seraient développées en plaidant ;

« Que les opérations indiquées par le sieur Neuburger dans ses comptes avec Laurent comme ayant été traitées en avril 1875 n'étaient que des opérations fictives et imaginaires, et dont le but facile à saisir était indiqué dans le rapport de l'expert et serait entièrement dévoilé à la Cour.

« En conséquence, plaise à la Cour statuant à nouveau.

« Dire et juger que les opérations de bourse faites entre les parties avaient été sérieuses et pour la plupart faites au comptant ;

« Dire et juger également que Neuburger avait volontairement appliqué à l'achat ou à la levée de titres, ou à une souscription pour le compte de Laurent les bénéfices ayant résulté des opérations dont s'agissait et qu'ainsi aux termes de l'art. 1967 du Code civil il n'était nullement fondé à opposer l'exception de jeu ;

« En conséquence, condamner le sieur Neuburger à payer au sieur Laurent la somme de 71,256 fr. 35 représentant : 1° Les titres au comptant ; 2° Les titres levés ; 3° Les titres achetés au comptant avec les bénéfices réglés ; 4° La souscription du crédit locatif — Représentant à l'époque du 31 mars 1875 la valeur des titres dus par le sieur Neuburger au sieur Laurent, et la somme relative au *Crédit locatif*, société qui n'avait pas été réalisée, ou à la remise des dits titres ;

« Condamner en outre le sieur Neuburger aux intérêts tels que de droit, etc. »

J'employai une demi-heure à développer ces conclusions et à donner au tribunal lecture de quelques-uns des nombreux reçus, bordereaux et lettres de Neuburger que j'avais mis au dossier et qui établissaient le caractère légal et régulier de mes achats au comptant et de mes levées de titres.

Ma partie adverse se garda bien cette fois de me réfuter. L'avoué de M. l'ex-directeur du *Crédit locatif de France*, concluait en six lignes à l'adoption pure et simple des motifs des premiers juges :

« Mettre l'appelation au néant.

« Ordonner que le jugement dont était appel sortirait son plein et entier effet.

« Et condamner l'appelant en l'amende et aux dépens. »

Bref, cette fois on opposait franchement à mes réclamations l'infâme exception de jeu.

L'avocat de M. Gustave Neuburger, dorénavant banquier, s'il vous plaît, 27, rue de la Chaussée-d'Antin, ainsi qualifié dans les actes et significations, eut à peine le temps de parler cinq minutes, Il déclara d'abord qu'opérer au comptant c'était opérer à terme, et qu'il n'y avait pas de différence à établir entre ces deux catégories d'affaires ; puis il lut ce passage du rapport de l'expert que j'ai signalé en son lieu (et où il est dit que je versai en résumé 7,832 fr. 70 à Neuburger, à titre de couverture, et que cette somme se trouvait portée fin mars 1875, par suite de mes opérations à terme, à celle de 71,488 fr.

La figure du Président s'illumina. D'un geste il fit signe au plaideur de se rasseoir, et déjà il prenait sa toque, pour aller délibérer entraînant par

son exemple les autres juges, lorsque l'avocat général M. Cotelle, ancien président du tribunal de
Beauvais, représentant le ministère public, se leva
et appuya la majeure partie de mes conclusions.

Il reconnut, en prenant pour texte le rapport de
l'expert et les pièces que j'apportais au débat, que
M. le banquier Neuburger était bien, lorsque nos
relations s'embrouillèrent par sa faute et par sa
volonté, dépositaire d'une certaine quantité de valeurs dûment achetées et payées par moi argent
comptant ; il soutint que le tribunal n'avait pas à
s'occuper de rechercher la provenance de l'argent
qui avait servi à payer une partie de ces valeurs.
Et il pensa que Messieurs de la Cour feraient acte
de stricte justice en ordonnant que le courtier me
les livrât, ou du moins m'en restituât le prix.

L'affaire était venue le lundi. Le prononcé du jugement fut remis au jeudi suivant ; puis nouvelle
remise à huitaine.

— Le cas embarasse les juges, me dit mon
avoué.

Enfin, tout vient à point à qui sait attendre.
Voici quelle fut sur mes aventures financières l'opinion de la Cour d'appel de Paris (2e chambre) :

« Considérant que de juin 1874 à fin mars 1875 Neuburger a fait pour le compte de Laurent des opérations
de bourse sur des valeurs de spéculation, le plus grand
nombre à terme et dans des conditions qui ne laissaient
aucun doute sur leur caractère; que le tribunal a eu
raison de n'y voir que du jeu :

« Qu'en effet, il suffit pour se convaincre qu'elles n'étaient pas sérieuses et ne devaient se régler à chaque liquidation que par le paiement de simples différences, qu'à la liquidation du 3 avril 1875, Laurent, dans une position de fortune modeste était acheteur à terme de valeurs dont la levée n'avait jamais été ni dans sa pensée, ni dans ses moyens de paiement puisqu'elle aurait exigée le décaissement d'une somme de 600,000 francs;

« Considérant en droit que les dispositions de l'art. 1695 du Code civil repoussaient également les deux demandes dont le tribunal était saisi; qu'elles refusent toute action à quiconque exige le paiement d'une dette de jeu ; .

« Que Laurent ne pouvait pas plus obtenir en justice une condamnation pour les sommes qui pouvaient lui être dues par Neuburger, que Neuburger ne pouvait demander devant le tribunal à Laurent d'être couvert de ses avances et désintéressé de tout ce dont il pouvait être créancier;

« Qu'à ce point de vue la décision des premiers juges doit donc être maintenue.

« SUR LES CONCLUSIONS SUBSIDIAIRES DE LAURENT

« Considérant qu'elles s'appuient : 1º Sur l'obligation où serait Neuburger de restituer au moins les sommes et les titres reçus en couverture, puisque les opérations de bourse ayant donné des bénéfices encaissés par Neuburger, cette couverture est ainsi restée sans emploi entre les mains de ce dernier et doit être restituée par lui;

« 2º Sur les prescriptions de l'art. 1967 du Code civil.

« Sur le premier moyen, considérant que la loi interdit expressément toute action pour dettes de jeu ; qu'une défense aussi générale comprend évidemment la restitution des sommes volontairement fournies. à titre de garantie, pour se livrer à des spéculations prohibées; que ces couvertures ont été, en effet, la cause et l'instrument du jeu, et que leur répétition soulève nécessairement l'examen d'une question qui ne peut pas être portée devant les tribunaux. Que ce premier moyen doit donc être écarté;

« Sur le deuxième moyen, considérant que Laurent ne pourrait se prévaloir des dispositions de l'art. 1967 du Code civil que tout autant qu'il établirait qu'au 31 mars 1875, Neuburger avait alors définitivement réglé ses comptes avec lui, lui avait volontairement payé tout ce qui lui était dû, et ne détenait plus les fonds ou les valeurs de bourse à Laurent que comme dépositaire. Mais considérant qu'il résulte, au contraire, des documents du procès et notamment de la correspondance des ¡parties que si Laurent avait chez Neuburger, en avri 1875, un crédit en compte courant ouvert à son profit, et des valeurs en portefeuille à lui appartenant, les opérations de jeu précédentes n'étaient ni terminées, ni liquidées;

« Que Laurent se trouvait même à cette date dans une situation chargée et donnait à diverses reprises des ordres de vente pour la faire cesser et commencer la liquidation; qu'après avoir demandé l'envoi de quelques fonds à Neuburger il exigeait celui d'un compte général de leurs opérations;

« Qu'il est donc certain qu'aucun règlement définitif, aucun paiement volontaire, tel que le veut la loi, n'a changé ni la nature de la dette, ni la position des parties;

« Que dès lors l'art. 1967 ne peut venir au secours de Laurent;

« Par ces motifs, met l'appellation au néant, etc., et condamne l'appelant à l'amende et aux dépens. »

XXVI

RECUEILLEMENT ET MÉDITATIONS

Par ce jugement étaient mis aussi « au néant » les articles du Code de commerce en vertu desquels sont légitimes l'achat et la vente des valeurs au comptant. Il m'avait semblé que, à Neuburger soutenant (ce qu'il n'a jamais osé soutenir) que mes titres servaient de couverture pour opérations à terme, la Cour aurait dû répondre : « Les questions de jeu ne nous regardent pas : nous avons sous les yeux des lettres et bordereaux de votre maison constatant, depuis le 1er juin 1874 jusqu'au 1er avril 1875, l'achat et le paiement par Laurent des titres acquis par votre intermédiaire : livrez la marchandise ! »

Ni les conclusions de mon avoué, ni mon plaidoyer ne réclamaient mes valeurs à titre de couverture sans emploi. Je m'étais, au contraire, attaché à démontrer que ces valeurs n'entraient pas dans ma couverture, laquelle ne pouvait être prise que sur mes espèces destinées à la souscription du *Crédit locatif*.

5

Quant au règlement général que, d'après la Cour, Neuburger n'a pas voulu faire, celui-ci lui-même reconnaît, dans sa réponse au parquet de Paris, qu'il était terminé au 31 mars 1871, et M. Magnin le déclare également dans le résumé de son rapport; M. l'avocat-général Cotelle le reconnaissait aussi en appuyant mes conclusions. Si, dans ma correspondance d'avril, j'ai demandé à M. Gustave Neuburger un nouveau règlement général « net et irréprochable, » c'est que depuis le 7 avril l'obscurité s'était introduite dans nos relations et qu'il fallait les éclaircir à nouveau. Mais Neuburger ayant totalement liquidé ma situation au 31 mars et m'ayant avisé du contraire pour pouvoir ultérieurement jongler avec mes ordres, le premier règlement général tenait et restait seul valable : ma demande postérieure, basée sur un état de choses factice, tombait d'elle-même et devenait nulle et non avenue. Et cependant c'est sur cette demande que mes juges se sont appuyés pour anéantir tous les actes commerciaux que j'ai traités par l'intermédiaire de Neuburger, et pour m'enlever le bénéfice de l'art. 1967, déclarant que tout perdant au jeu « ne peut répéter (réclamer en justice) ce qu'il a volontairement payé », à plus forte raison ne peut l'enlever impunément de l'escarcelle du gagnant.

Aucune interprétation de la loi ne m'ôtera, en effet, de l'idée que mon intermédiaire ayant, d'après mes ordres, acheté et payé comptant, avec mes fonds et mes bénéfices, des valeurs de bourse, et m'ayant avisé de ces achats, je n'étais point devenu légitime propriétaire des valeurs ainsi achetées et désignées. Mais rien n'est plus aléatoire que la situation des parties devant un texte de loi qui a le malheur de servir de tremplin aux exercices des jurisconsultes : en pareil cas, telle cause qui triomphe à Carpentras est vaincue à Carcassonne. Le gain d'une affaire ne dépend plus alors que du hasard ; cela devient une question de pile ou face. Et c'est pis qu'à la Bourse. Devant un tribunal votre cas est entièrement subordonné à l'intelligence d'autrui, vous êtes livré pieds et poings liés : vous sortirez de la roue judiciaire *Dieu ou cuvette*, non pas selon le texte rigoureux de la loi, mais selon l'interprétation qui prévaudra. A la Bourse du moins, lorsque vous n'êtes point d'un syndicat ayant pour but de râtisser à coup sûr l'argent des naïfs, vous pivotez sur votre seule intelligence : à vous de développer les ressources de votre esprit, de savoir vous lancer sur une bonne piste, de deviner le vrai sous le faux, et de dompter le hasard lui-même. Ce jeu, auquel je n'ai consacré que quelques minutes par jour à certaines époques de mon existence, m'a toujours semblé un jeu intelligent ; l'autre est un jeu bête.

L'arrêt qui me concerne fut rendu à l'audience publique de la 2e chambre, le 8 mars 1880. Étaient présents et siégeaient : MM. Ducreux, président ; Burin des Roziers, Rousselle, Bazin, David,

Hua, de Thévenard, Bérard des Glageux et Onfroy de Bréville, conseillers.

A ce propos, encore une réflexion. Puisque d'après mes juges le tribunal de première instance devait repousser également et ma demande et la demande reconventionnelle de M. le banquier Neuburger, pourquoi ai-je été condamné seul aux dépens, et pourquoi la Cour, conséquente avec elle-même, n'a-t-elle pas au moins réformé le verdict des premiers juges et condamné mon adversaire à payer la moitié de l'huître que j'ai fournie tout seul à Perrin Dandin ?

Devais-je enfin me pourvoir en cassation ? Cette affaire, sans frais d'avocats, me coûtait déjà près de deux mille francs. Un surcroît de sept à huit cents francs d'amende m'attendait si mon pourvoi était rejeté, coup de chance sur lequel, ainsi que je viens de l'expliquer, ni mon intelligence, ni toutes mes paperasses ne pouvaient rien. Je ne voulus pas l'affronter. Je préférai consacrer cette somme, que j'aurais pu perdre encore sans aucun profit pour l'humanité, à l'impression de ce récit, lequel servira peut-être à l'instruction et à l'édification d'un certain nombre de mes contemporains. *Et nunc erudimini, qui judicatis terram, et præsertim qui judicamini.*

XXVII

L'air de Paris était plus lourd qu'à l'ordinaire. Il y avait plusieurs jours qu'il n'avait plu. L'eau des arroseurs ne suffisait pas à rafraîchir les pavés et le macadam des chaussées. Le passage forcené des voitures, des charrettes, des omnibus et des tramways arrivant et se croisant sans relâche vous emplissait les oreilles de vacarme et les narines de poussière. Les hautes maisons cuisaient sous le soleil de deux heures et vous dardaient dans les paupières toutes leurs ardentes réverbérations ; les innombrables flèches de Xercès eussent été impuissantes à faire de l'ombre, et pour combattre au frais, Léonidas lui-même eût été réduit à s'enfuir jusqu'au fin fond de la forêt de Saint-Germain.

C'est la retraite que, haletant et tirant la langue, je me disposai en ce jour à opérer avec empressement. Je montai prestement, par la rue de Rome, l'escalier de la gare Saint-Lazare, et ne commençai à respirer que lorsque je fus au milieu de l'immense salle des Pas-Perdus.

Tout à coup je m'arrêtai, saisi par une nouvelle suffocation. Une dame svelte, en paletot d'été lui serrant la taille, pressant contre sa robe une ombrelle aux plis ballants, venait de passer rapidement sous mes yeux. Elle décrivit, comme une mouche effarée, un double et triple cercle autour d'un guichet, et je la reconnus. C'était elle!

O mon Dieu! cela me fit un effet, voyez-vous! Cela me donna, comme disait une de mes anciennes concierges, « un coup dans l'estomaque!...» Ces choses là ne peuvent pas se dépeindre.

C'était bien elle! la femme... la *dame* du banquier Neuburger. Ah! elle avait vieilli! Les joues s'étaient amincies, la bouche avait grandi; les yeux noirs conservaient bien encore un peu d'éclat. Mais ce n'était plus çà! Hé, hé! six années, pensez-donc, et puis peut-être des remords, ça vous change une femme!

Je la considérai quelque temps avec curiosité. Elle était bien mise. Examinant par les yeux et par la pensée tous les détails visibles et invisibles de son accoutrement, je cherchais à supputer dans quelle proportion j'avais dû contribuer à la parer, et jusqu'où, si la mode en France avait été de se faire justice soi-même, j'aurais pu me permettre de porter la main pour rentrer en possession de toutes les parcelles de mes propriétés entrant dans la composition de sa toilette.

Pendant que je me livrais à ces méditations, elle disparut par l'entrée d'une salle d'attente, et ma vive imagination se figura voir marcher à sa suite quatre petits morveux portant mes titres au porteur en guise de bavettes et se mouchant avec mes billets de banque.

Les deux mois de délai accordés par la loi pour se pourvoir en cassation n'étaient pas écoulés. Je pouvais encore essayer d'une tentative suprème auprès des magistrats de la haute Cour. Mais supposons que le hasard m'eût donné gain de cause, quel avantage aurais-je retiré de mon succès si l'huissier chargé d'aller faire rendre gorge à M. le banquier Neuburger l'avait trouvé sans fortune personnelle, directeur, il est vrai, d'une nouvelle société financière, la *Banque de Paris et de Bretagne*, mais n'ayant rien par lui-même que ses modestes appointements? Sa femme sans doute devait être riche, tout à fait riche; mais Madame n'était pas Monsieur, et c'eût été peut-être un nouveau procès à entamer. En ce cas, non-seulement je supportais les frais de toute la série de mes procès contre Monsieur; mais je payais encore à l'enregistrement, rien que pour avoir eu raison, un droit de deux pour cent sur la somme totale dont restitution aurait été ordonnée en ma faveur, soit pour 70,000 francs un droit de 1,400 francs. J'en aurais été dans l'ensemble pour cinq mille francs de ma poche.

Je trouvai plus sage le parti que j'avais pris de

risquer quelques centaines de francs à mettre au jour le récit de mes malheurs afin d'attendrir le public, qui rira peut-être le monstre ! et acquerra de l'expérience à mes dépens de même que la famille Neuburger s'est nippée avec mes plumes !

Il n'importe ! M. Gustave Neuburger a commandité, à ce qu'il paraît, et avec succès, deux ou trois journaux politiques, littéraires et financiers à cinq centimes. Par pitié pour ceux de mes confrères en journalisme qui lui ont fourni de la prose, j'en tairai les noms. Mais j'enverrai à M. Neuburger des exemplaires de mon ouvrage, et je ne doute point qu'il contribue puissamment à le lancer. Il a intérêt à se conserver des amis : il nourrit de hautes visées et n'aspire à rien moins, dit-on, qu'à devenir un jour ministre de nos finances. S'il fait parler de mon livre dans ses journaux, je lui promets tout mon appui.

Maintenant, pour clore cette épopée et lui donner un couronnement digne de l'ensemble, je ne saurais mieux faire que d'en offrir la dédicace :

A CELLE DONT L'HEUREUSE INTERVENTION A PROCURÉ A MON RÉCIT LES FLEURS QUI AUTREMENT LUI EUSSENT MANQUÉ,

A Madame GUSTAVE NEUBURGER !

Paris, le 1ᵉʳ juillet 1881.

TURCARET ET MERCADET

Lorsque l'impression de cette histoire eût été terminée, je la fis annoncer dans le public, et j'en adressai immédiatement un exemplaire à Monsieur et à Madame Neuburger. Au nombre des premiers servis se trouva M. le Président de la Chambre syndicale des Agents de change. Je le priai par lettre, de vouloir bien saisir de mon cas Messieurs les Membres de la Chambre; un individu qui avait abusé pour tromper un client, du nom autorisé des Agents, méritait selon moi d'être jugé par eux, du moment que les juges naturels se désintéressaient. Je demandais, en conséquence, que les Agents coupassent les vivres à cet industriel, parceque, après avoir travaillé sous leur couvert, il s'était servi de l'exception de jeu pour refuser de livrer à son client les bénéfices obtenus et même pour détenir en sa possession les valeurs au comptant appartenant à ce client. Je demandais que les couvertures en espèces déposées par le Neuburger chez les Agents fussent retenues jusqu'à examen de l'affaire, et que son expulsion de la Bourse fût décidée en cas de culpabilité. M. le Président de la Chambre syndicale me répondit :

Paris, le 15 juin 1881.

MONSIEUR,

J'ai l'honneur de vous accuser réception de votre lettre du 13 courant ;

Je regrette qu'il n'entre pas dans mes attributions de pouvoir juger une contestation survenue entre deux personnes étrangères à la Compagnie des Agents de change ; je regrette également d'avoir à vous dire que la police du Palais de la Bourse n'appartient pas à la Chambre syndicale.

Il m'est donc impossible de satisfaire à votre double demande.

Recevez, Monsieur, l'assurance de ma considération distinguée.

Le syndic de la Compagnie des Agents de change de Paris,

MOREAU.

Deux mois après on lisait dans tous les journaux :

Un rassemblement tumultueux s'est formé hier, vers quatre heures, rue Richelieu, devant les bureaux du *Petit Financier*. Un client réclamait impérieusement un certain nombre de valeurs qu'il aurait confiées à cet établissement pour des opérations commerciales. Déjà le public faisait irruption dans le local. Les employés se sont hâtés de fermer les volets. Le commissaire de police, suivi d'agents de la paix, a mis les scellés sur la caisse et sur les livres.

Nous apprenons que la même opération vient d'être pratiquée à la *Banque de Paris et de Bretagne*, Chaussée-d'Antin, dont l'établissement de la rue Richelieu est une succursale.

Nous saurons bientôt ce qu'il peut y avoir de justifié dans les graves mesures prises à l'endroit de cette Société financière.

On ne tarda pas en effet à être fixé. Le 11 novembre le Tribunal de Commerce de la Seine prononça la faillite de la *Banque de Paris et de Bretagne*. Cette banque avait des succursales à Paris, rue Richelieu, avenue d'Orléans et rue Coquillière; en province, à Vincennes, à Brest et à Nantes.

Crispin, dans une des meilleures pièces de l'ancien répertoire, s'écrie :

Que je suis las d'être valet ! Ah ! Crispin, c'est ta faute ; tu as toujours donné dans la bagatelle : tu devrais présentement briller dans la finance. Avec tout l'esprit que j'ai, morbleu ! j'aurais déjà fait plus d'une banqueroute. (LESAGE. — *Crispin rival de son maître*.)

J'ignore si le possesseur de mes soixante-et-onze mille quatre cent quatre-vingt-huit francs soixante-quinze centimes s'est laissé mettre en faillite par trait d'esprit ou par nécessité ; mais, ce qu'il y a désormais de certain, c'est que si les lois en matière d'opérations de Bourse viennent à être changées comme tant de spéculateurs et de financiers honnêtes le demandent, je ne bénéficierai point de la modification, quand bien même elle aurait un effet rétroactif. J'avais peur, en m'adressant à nos députés, d'être accusé d'agir en vue surtout de mes intérêts particuliers : cette faillite me tranquillise. Il sera dorénavant établi pour tout le monde que je ne travaille que dans l'intérêt général, et j'espère que la Chambre m'en saura gré.

— Au point de vue de l'art, m'a-t-on dit, vous avez eu tort de raconter simplement les choses comme elles se sont passées. Sans doute vous avez su égayer l'affaire, mais en déguisant les noms et grâce à l'adjonction de quelques épisodes fantaisistes, que vous auriez facilement trouvés, vous pouviez faire une jolie comédie ou un roman.

— Un roman, répondis-je, c'est devenu banal ; il y en a tant qui courent les rues et qui se répètent sans cesse, chaque publication nouvelle résultant du pillage opéré sur la précédente.

— Mais une comédie ?

— Une comédie, il n'y fallait point songer. On compte à Paris une quinzaine de théâtres de genre : dix sont dirigés par des gens qui s'y entendent à choisir une pièce, comme des goujats à juger un concours d'architectes ; leurs choix sont à chaque instant sifflés du public et disparaissent de l'affiche à la troisième représentation. En supposant que j'eusse accouché d'une bonne pièce, elle était condamnée à moisir plusieurs années dans les cartons avant de rencontrer un directeur capable de l'apprécier. Je savais bien qu'en bâclant une œuvre sans queue ni tête, remplie d'absurdités, j'avais grand'chance d'arriver plus vite, un entrepreneur quelconque de la vidange dramatique lui eût ouvert avec empressement les bras, et les portes de son réceptacle ; mais le public lui aurait tourné le dos, et elle n'aurait eu pour auditoire que les banquettes. Mieux valait faire ce que j'ai fait, et avoir l'honneur d'être un des premiers à appliquer l'article 35.

D'ailleurs, des comédies financières nous en avons ! Il en est deux surtout qui sont de purs chefs-d'œuvre : ils appartiennent au répertoire du Théâtre Français qui les donne rarement et qu'une certaine partie de la presse, vendue à des maisons de banque plus ou moins malpropres, n'accueille jamais qu'avec froideur afin que le public perde l'envie d'aller s'y amuser et s'y instruire.

Je veux parler du *Turcaret*, de Lesage ; et du *Mercadet*, de Balzac.

J'ai trouvé, en relisant ces deux étincelantes peintures de mœurs, que rien ne saurait mieux compléter mon volume qu'une rapide et joyeuse excursion à travers l'une et l'autre. La plupart des scènes semblent avoir été écrites hier pour le public d'aujourd'hui. Je les livre à ceux de mes lecteurs qui ne les connaissent point. Si la presse vendue trouve préférable de garder le silence sur mon volume, la presse qui s'appartient et se respecte m'accordera peut-être un peu de bienveillance, et le lecteur lui-même me vengera, par son suffrage et sa parole, du mutisme intéressé des autres.

———

TURCARET

Lesage, après s'être fait connaître vers la fin du grand siècle par quelques comédies et romans de mœurs traduits et imités de l'espagnol (entre autres le *Diable boiteux*), donna au Théâtre Français, en 1708, une comédie en un acte de son crû, *Crispin rival de son maître*, qui souleva au plus haut degré l'enthousiasme des contemporains. On crut à l'avénement d'un nouveau Molière. Dans les exploits et les propos de ces deux maîtres fripons, Crispin et Labranche, on sent germer la grande épopée de *Turcaret*, dont le héros réalisera le rêve de Crispin, et valet comme lui, « brillera dans la finance » non point par des faillites successives, mais en plumant jusqu'à la peau tous ceux qui lui tomberont sous la main.

Quand les cinq actes de *Turcaret* furent achevés, Lesage se donna le plaisir de les lire dans les salons. Un de nos critiques modernes, M. Paul Foucher, lors de la dernière reprise de cette comédie, en 1872, trouva, ainsi que plusieurs de ses confrères, la pièce un peu froide : il affirmait, en outre, que Turcaret n'avait rien qui caractérisât un traitant plus spécialement que n'importe quel détrousseur de bourses. Il est douteux que M. Paul Foucher, pour en juger de la sorte, connût les traitants mieux que Lesage et que les traitants eux-mêmes. Ceux-ci, il est vrai, trouvèrent le portrait abominable; mais ils eurent tellement peur que le public ne jugeât la ressemblance parfaite, qu'ils mirent tout en jeu pour empêcher la représentation. Ayant l'argent, ils avaient la puissance : ils montèrent une cabale et gagnèrent les comédiens qui, après avoir reçu la nouvelle œuvre de Lesage, refusèrent de la jouer. Il fallut, pour qu'elle fût représentée, l'ordre du Dauphin, fils de Louis XIV. Ainsi la littérature française qui dut *Tartufe* à la volonté du père, dut *Turcaret* à la volonté du fils, fait remarquable qui m'amène à poser une question : Si *Tartufe* et *Turcaret* avaient été écrits de nos jours, le Président de la République et le Ministre des Beaux-Arts auraient-ils le droit, en cas de refus à l'un de nos théâtres subventionnés, d'en imposer la représentation? S'ils ne l'ont point, n'y aurait-il pas utilité à le leur donner?

Battus par l'intervention du pouvoir royal, les traitants offrirent à l'auteur une somme de cent mille francs s'il voulait de lui-même retirer sa pièce. Lesage refusa et *Turcaret* fut joué, avec un succès que ratifie encore le public de nos jours quand, par un hasard devenu extrêmement rare, la Comédie Française se risque à le donner. Car s'il est vrai que le personnage de Turcaret ne saurait être cherché aujourd'hui, aussi bien du reste qu'au temps de Lesage, dans les rangs de cette partie du monde financier où la probité est en honneur, il est non moins vrai que ce type existe toujours parmi nous; je dis plus, il pullule, et s'élève même assez souvent jusqu'à des régions où l'on devrait le rencontrer le moins et où l'on est toujours péniblement surpris de le découvrir.

J'avoue qu'il n'est peut-être plus aussi balourd; ce n'est plus lui sans doute qui enverrait à sa maîtresse des vers de ce genre accompagnant des billets au porteur de dix mille écus :

> Recevez ce billet, charmante Philis,
> Et soyez assurée que mon âme
> Conservera toujours une éternelle flamme,
> Comme il est certain que trois et trois font six.

Ce n'est pas lui non plus qui ferait sa partie dans le dialogue suivant :

LE CHEVALIER, embrassant M. Turcaret.

Monsieur Turcaret veut bien permettre qu'on l'embrasse,

et qu'on lui témoigne la vivacité du plaisir qu'on aura tantôt à se trouver avec lui le verre à la main.

M. TURCARET, au chevalier.

Le plaisir de cette vivacité-là..., monsieur, sera... bien réciproque : l'honneur que je reçois d'une part... joint à... la satisfaction que... l'on trouve de l'autre... avec madame, fait, en vérité, que, je vous assure... que... je suis fort aise de cette partie-là.

LA BARONNE, à M. Turcaret.

Vous allez, monsieur, vous engager dans des compliments qui embarrasseront aussi M. le chevallier; et vous ne finirez ni l'un ni l'autre.

LE CHEVALIER.

Ma cousine a raison : supprimons la cérémonie, et ne songeons qu'à nous réjouir. Vous aimez la musique ?

M. TURCARET.

Si je l'aime ? Melepeste ! je suis abonné à l'Opéra.

LE CHEVALIER.

C'est la passion dominante des gens du beau monde.

M. TURCARET.

C'est la mienne.

LE CHEVALIER.

La musique remue les passions.

M. TURCARET.

Terriblement. Une belle voix, soutenue d'une trompette, cela jette dans une douce rêverie.

LE CHEVALIER.

Oui vraiment. Que je suis un grand sot de n'avoir pas songé à cet instrument-là ! Oh ! parbleu, puisque vous êtes dans le goût des trompettes, je vais moi-même donner ordre...

(Il va pour sortir.)

M. TURCARET, l'arrêtant toujours.

Je ne souffrirai point cela, monsieur le chevalier ; je ne prétends point que pour une trompette...

LA BARONNE, bas à M. Turcaret.

Laissez-le aller, monsieur.

Le Turcaret moderne est toujours quelque peu rustre, mais il a recueilli à travers les frottements de la vie parisienne un vernis de civilisation qui d'abord l'empêchera de commettre des vers et qui lui permettra ensuite de s'exprimer en prose avec plus de facilité. Enfin le goût des arts a de nos jours si bien pénétré partout que s'il a une loge à l'Opéra, ce sera réellement pour son plaisir autant que par genre. Certaines scènes de la comédie de Lesage, vraisemblables avec les costumes du règne de Louis XIV, cesseraient de l'être si elles étaient jouées en habits à queue et adaptées à nos mœurs. Mais il en est d'autres qui, sous n'importe quel costume, demeurent éternellement vraies et seront de l'actualité à toute époque.

M. Turcaret se ruine en prodigalités pour une jeune baronne coquette à qui il a promis le mariage.

En bonne fortune chez sa maîtresse, il est désagréablement interrompu dans son tête à tête :

M. TURCARET, à la baronne.

Quel homme entre ici ?

LA BARONNE, à M. Turcaret.

C'est ce jeune marquis dont je vous ai dit que Marianne avait épousé les intérêts ; je me passerais bien de ses visites, elles ne me font aucun plaisir.

LE MARQUIS, à lui-même.

Je parie que je ne trouverai point encore ici le chevalier.

M. TURCARET, à lui-même, reconnaissant le marquis.

Ah ! morbleu ! c'est le marquis de la Tribaudière. La fâcheuse rencontre !

LE MARQUIS, à lui-même.

Il y a près de deux jours que je le cherche. (Apercevant M. Turcaret.) Eh ! que vois-je !... oui... non... pardonnez-moi... justement... c'est lui-même ; c'est M. Turcaret. (S'approchant.) Que faites-vous de cet homme-là, madame? Vous le connaissez ! vous empruntez sur gages? Palsambleu ! il vous ruinera.

LA BARONNE.

Monsieur le marquis...

LE MARQUIS.

Il vous pillera, il vous écorchera, je vous en avertis. C'est l'usurier le plus vif! Il vend son argent au poids de l'or.

M. TURCARET, bas, à lui-même.

J'aurais mieux fait de m'en aller.

LA BARONNE.

Vous vous méprenez, monsieur le marquis; M. Turcaret passe dans le monde pour un homme de bien et d'honneur.

LE MARQUIS.

Aussi l'est-il, madame, aussi l'est-il; il aime le bien des hommes et l'honneur des femmes: il a cette réputation-là.

M. TURCARET.

Vous aimez à plaisanter, monsieur le marquis. Il est badin, madame, il est badin ; ne le connaissez-vous pas sur ce pied-là?

LA BARONNE, à M. Turcaret.

Oui, je comprends bien qu'il badine ou qu'il est mal informé.

LE MARQUIS.

Mal informé, morbleu ! Madame, personne ne saurait vous en parler mieux que moi : il a de mes nippes actuellement.

M. TURCARET.

De vos nippes, monsieur ? Oh ! je ferais bien serment du contraire.

LE MARQUIS.

Ah ! parbleu ! vous avez raison. Le diamant est à vous à l'heure qu'il est, selon nos conventions ; j'ai passé le terme.

LA BARONNE.

Expliquez-moi tous deux cette énigme.

M. TURCARET.

Il n'y a point d'énigme là-dedans, madame ; je ne sais ce que c'est.

LE MARQUIS, à la baronne.

Il a raison, cela est fort clair, il n'y a point d'énigme. J'eus besoin d'argent il y a quinze mois ; j'avais un brillant de cinq cents louis : on m'adressa à M. Turcaret ; M. Turcaret me renvoya à un de ses commis, à un certain M. Ra, Ra, Rafle ; c'est celui qui tient son bureau d'usure. Cet honnête M. Rafle me prêta sur ma bague onze cent trente-deux livres six sous et quelques deniers ; il me prescrivit un temps pour la retirer ; je ne suis pas fort exact, moi ; le temps est passé, mon diamant est perdu.

M. TURCARET.

Monsieur le marquis, monsieur le marquis, ne me confondez point avec M. Rafle, je vous prie ; c'est un fripon que j'ai chassé de chez moi : s'il a fait quelque mauvaise manœuvre vous avez la voie de la justice. Je ne sais ce que c'est que votre brillant, je ne l'ai jamais vu ni manié.

LE MARQUIS.

Il me venait de ma tante ; c'était un des plus beaux brillants ; il était d'une netteté, d'une forme, d'une grosseur à peu près comme... (Il regarde le diamant de la baronne.) Eh !... le voilà, madame ! Vous vous en êtes accommodée avec M. Turcaret apparemment ?

LA BARONNE, au marquis.

Autre méprise, monsieur ; je l'ai acheté, assez cher même, d'une revendeuse à la toilette.

LE MARQUIS.

Cela vient de lui, madame ; il a des revendeuses à sa disposition, et, à ce qu'on dit, même dans sa famille.

M. TURCARET.

Monsieur, monsieur !

LA BARONNE.

Vous êtes insultant, monsieur le marquis.

LE MARQUIS.

Non madame, mon dessein n'est pas d'insulter ; je suis

trop serviteur de M. Turcaret, quoiqu'il me traite durement. Nous avons eu, autrefois, ensemble un petit commerce d'amitié ; il était laquais de mon grand-père, il me portait sur ses bras ; nous jouions tous les jours ensemble, nous ne nous quittions presque point : le petit ingrat ne s'en souvient plus.

M. TURCARET.

Je me souviens, je me souviens ; le passé est passé, je ne songe qu'au présent.

LA BARONNE.

De grâce, monsieur le marquis, changeons de discours.

A peine le marquis a-t-il pris congé de la baronne que M. Rafle se fait annoncer comme désirant avoir un entretien avec M. Turcaret.

Ce commis que vous aimez tant. (Observe avec naïveté, Flamand, le domestique). Dès qu'il vient pour deviser avec vous, tout aussitôt vous faites sortir tout le monde, et ne voulez pas que personne vous écoute.

LA BARONNE.

Ne disiez-vous pas que vous l'aviez chassé ?

M. TURCARET.

Oui, et c'est pour cela qu'il vient ici : il cherche à se

raccommoder. Dans le fond, c'est un assez bon homme, homme de confiance. Je vais savoir ce qu'il me veut.

Tout le monde cède la place, et voici l'entretien confidentiel qui a lieu entre M. Turcaret et l'honnête M. Rafle :

M. TURCARET.

De quoi est-il question, monsieur Rafle? Pourquoi me venir chercher jusqu'ici? Ne savez-vous pas bien que, quand on vient chez les dames, ce n'est pas pour y entendre parler d'affaires?

M. RAFLE.

L'importance de celles que j'ai à vous communiquer doit me servir d'excuse.

M. TURCARET.

Qu'est-ce que c'est donc que ces choses d'importance ?

U. RAFLE.

Peut-on parler ici librement ?

M. TURCARET.

Oui, vous le pouvez ; je suis le maître. Parlez.

M. RAFLE, regardant dans un bordereau.

Premièrement. Cet enfant de famille à qui nous prêtâmes, l'année passée, trois mille livres, et à qui je fis faire un billet de neuf, par votre ordre, se voyant sur le point d'être inquiété pour le payement, a déclaré la chose à son oncle le président, qui, de concert avec toute la famille, travaille actuellement à vous perdre.

M. TURCARET.

Peines perdues que ce travail-là ; laissons-les venir. Je ne prends pas facilement l'épouvante.

M. RAFLE, après avoir regardé dans son bordereau.

Ce caissier que vous avez cautionné, et qui vient de faire banqueroute de deux cent mille écus... !

M. TURCARET.

C'est par mon ordre qu'il... Je sais où il est.

M. RAFLE.

Mais les procédures se font contre vous ; l'affaire est sérieuse et pressante.

M. TURCARET.

On l'accommodera ; j'ai pris mes mesures ; cela sera réglé demain.

M. RAFLE.

J'ai peur que ce ne soit trop tard.

M. TURCARET.

Vous êtes trop timide. Avez-vous passé chez ce jeune

homme de la rue Quincampoix à qui j'ai fait avoir une caisse ?

M. RAFLE.

Oui, monsieur. Il veut bien vous prêter vingt mille francs des premiers deniers qu'il touchera, à condition qu'il fera valoir à son profit ce qui pourra lui rester à la compagnie, et que vous prendrez son parti, si l'on vient à s'apercevoir de la manœuvre.

M. TURCARET.

Cela est dans les règles, il n'y a rien de plus juste ; voilà un garçon raisonnable. Vous lui direz, monsieur Rafle, que je le protégerai dans toutes ses affaires. Y a-t-il encore quelque chose ?

M. RAFLE, après avoir regardé dans le bordereau.

Ce grand homme sec, qui vous donna, il y a deux mois, deux mille francs pour une direction que vous lui avez fait avoir à Valogne...

M. TURCARET.

Hé bien ?

M. RAFLE.

Il lui est arrivé un malheur.

M. TURCARET.

Quoi ?

M. RAFLE.

On a surpris sa bonne foi, on lui a volé quinze mille francs. Dans le fond, il est trop bon.

M. TURCARET.

Trop bon, trop bon ! Hé ! pourquoi diable s'est-il donc mis dans les affaires ? Trop bon, trop bon !

M. RAFLE.

Il m'a écrit une lettre fort touchante, par laquelle il vous prie d'avoir pitié de lui.

M. TURCARET.

Papier perdu, lettre inutile.

M. RAFLE.

Et de faire en sorte qu'il ne soit point révoqué.

M. TURCARET.

Je ferai plutôt en sorte qu'il le soit : l'emploi me reviendra, je le donnerai à un autre pour le même prix.

M. RAFLE.

C'est ce que j'ai pensé.

M. TURCARET.

J'agirais contre mes intérêts ; je mériterais d'être casé à la tête de la compagnie.

M. RAFLE.

Je ne suis pas plus sensible que vous aux plaintes des
sots... Je lui ai déjà fait réponse, et lui ai mandé tout net
qu'il ne devait point compter sur vous.

M. TURCARET.

Non, parbleu !

M. RAFLE, regardant dans son bordereau.

Voulez-vous prendre, au denier quatorze, cinq mille francs
qu'un honnête serrurier de ma connaissance a amassés par
son travail et par ses épargnes ?

M. TURCARET.

Oui, oui, cela est bon : je lui ferai ce plaisir-là. Allez me
le chercher. Je serai au logis dans un quart d'heure ; qu'il
apporte l'espèce. Allez, allez.

M. RAFLE, s'en allant, et revenant.

J'oubliais la principale affaire ; je ne l'ai pas mise sur
mon agenda.

M. TURCARET.

Qu'est-ce que c'est que cette principale affaire ?

M. RAFLE.

Une nouvelle qui vous surprendra fort. Madame Turcaret
est à Paris.

M. TURCARET.

Parlez bas, monsieur Rafle, parlez bas.

M. RAFLE.

Je la rencontrai hier dans un fiacre, avec une manière de jeune seigneur dont le visage ne m'est pas tout à fait inconnu, et que je viens de trouver dans cette rue-ci en arrivant.

M. TURCARET.

Vous ne lui parlâtes point ?

M. RAFLE.

Non; mais elle m'a fait prier ce matin de ne vous en rien dire, et de vous faire souvenir seulement qu'il lui est dû quinze mois de la pension de quatre mille livres que vous lui donnez pour la tenir en province. Elle ne s'en retournera point qu'elle ne soit payée.

M. TURCARET.

Oh! ventrebleu, monsieur Rafle, qu'elle le soit: défaisons-nous promptement de cette créature-là. Vous lui porterez dès aujourd'hui les cinq cents pistoles du serrurier; mais qu'elle parte dès demain.

M. RAFLE.

Oh! elle ne demandera pas mieux. Je vais chercher le bourgeois et l'amener chez vous.

M. TURCARET.

.Vous m'y trouverez. (Seul.) Malepeste! ce serait une jolie aventure si madame Turcaret s'avisait de venir en cette maison; elle me perdrait dans l'esprit de ma baronne, à qui j'ai fait accroire que j'étais veuf.

Un valet fripon, — le frère de Crispin, parbleu ;
— Frontin, nous a résumé à la fin du premier acte
toute la morale de la pièce :

« J'admire le train de la vie humaine ! Nous plumons
une coquette, la coquette mange un homme d'affaires,
l'homme d'affaires en pille d'autres : cela fait un ricochet
de fourberies le plus plaisant du monde. »

Frontin est au service du chevalier, gentilhomme
sans le sou et sans vergogne, aimé de la baronne,
qui se laisse dévaliser par cet amant de toutes les
ailes qu'elle arrache à M. Turcaret. Afin de mener
plus rapidement ce pillage en partie double, le
chevalier place Frontin auprès du traitant, et
Frontin place Lisette, une *amie* à lui, auprès de la
baronne.

Alors commence une sarabande effrénée, si bien
que, voyant avec quelle naïveté amoureuse et
aveugle son riche adorateur donne dans le panneau,
la baronne elle-même se sent prise de remords et
de pitié.

Soudain une visite imprévue vient éclairer d'un
jour nouveau le caractère de l'homme à qui elle
s'est... attachée.

MADAME JACOB.

Je vous demande pardon, madame, de la liberté que je

prends. Je revends à la toilette, et me nomme madame
Jacob. J'ai l'honneur de vendre quelquefois des dentelles
et toutes sortes de pommades à madame Dorimène. Je viens
de l'avertir que j'aurai tantôt un bon hasard ; mais elle
n'est point en argent, et elle m'a dit que vous pourriez vous
en accommoder.

LA BARONNE, à madame Jacob.

Qu'est-ce que c'est?

MADAME JACOB.

Une garniture de quinze cents livres, que veut revendre
une procureuse ; elle ne l'a mise que deux fois.

LA RARONNE.

Je ne serais pas fâchée de voir cette coiffure.

MADAME JACOB.

Je vous l'apporterai dès que je l'aurai, madame ; je vous
en ferai avoir bon marché.

LISETTE, à madame Jacob.

Vous n'y perdrez pas ; madame est généreuse.

MADAME JACOB.

Ce n'est pas l'intérêt qui me gouverne, et j'ai, Dieu
merci, d'autres talents que de revendre à la toilette.

LA BARONNE.

J'en suis persuadée.

LISETTE, à part.

Vous en avez bien la mine.

MADAME JACOB.

Eh ! vraiment, si je n'avais pas d'autre ressource, comment pourrais-je élever mes enfants aussi honnêtement que je fais ? J'ai mon mari, à la vérité, mais il ne sert qu'à grossir ma famille, sans m'aider à l'entretenir.

LISETTE.

Il y a des maris qui font tout le contraire.

LA BARONNE.

Eh ! que faites-vous donc, madame Jacob, pour fournir ainsi toute seule aux dépenses de votre famille ?

MADAME JACOB.

Je fais des mariages, ma bonne dame. Il est vrai que ce sont des mariages légitimes, ils ne produisent pas tant que les autres ; mais, voyez-vous, je ne veux avoir rien à me reprocher.

LISETTE.

C'est fort bien fait.

MADAME JACOB.

Si madame était en goût de se marier, j'ai en main le plus excellent sujet !

LA BARONNE.

Pour moi, madame Jacob ?

MADAME JACOB.

C'est un gentilhomme limousin ; la bonne pâte de mari !
il se laissera mener par une femme comme un parisien.

LISETTE, a la baronne.

Voilà encore un bon hasard, madame.

LA BARONNE.

Je ne me sens point en disposition d'en profiter, je ne
veux pas sitôt me marier, je ne suis point encore dégoûtée
du monde.

LISETTE.

Oh ! bien, je le suis, moi, madame Jacob ; mettez-moi
sur vos tablettes.

MADAME JACOB, à Lisette.

J'ai votre affaire ; c'est un gros commis qui a déjà
quelque bien, mais peu de protection ; il cherche une jolie
femme pour s'en faire.

LISETTE.

Le bon parti ! voilà mon fait.

LA BARONNE.

Vous devez être riche, madame Jacob ?

MADAME JACOB, à la baronne.

Hélas ! je devrais faire dans Paris une autre figure ; je

devrais rouler carrosse, ma chère dame, ayant un frère
comme j'en ai un dans les affaires.

LA BARONNE.

Vous avez un frère dans les affaires ?

MADAME JACOB.

Et dans les grandes affaires, encore ; je suis sœur de
M. Turcaret, puisqu'il faut vous le dire ; il n'est pas que
vous n'en ayez ouï parler.

LA BARONNE, d'un air étonné.

Vous êtes sœur de M. Turcaret ?

MADAME JACOB.

Oui, madame, je suis sa sœur de père et de mère même.

LISETTE, d'un air étonné.

M. Turcaret est votre frère, madame Jacob ?

MADAME JACOB, a Lisette.

Oui, mon frère, mademoiselle, mon propre frère ; et je
n'en suis pas plus grande dame pour cela. Je vous vois
toutes deux bien étonnées ; c'est sans doute à cause qu'il
me laisse prendre toute la peine que je me donne.

LISETTE.

Hé ! oui ; c'est ce qui fait le sujet de mon étonnement.

MADAME JACOB.

Il fait bien pis, le dénaturé qu'il est : il m'a défendu l'entrée de sa maison, et il n'a pas le cœur d'employer mon époux.

LA BARONNE.

Cela crie vengeance !

LISETTE.

Ah ! le mauvais frère !

MADAME JACOB.

Aussi mauvais frère que mauvais mari : n'a-t-il pas chassé sa femme de chez lui ?

LA BARONNE.

Ils faisaient donc mauvais ménage ?

MADAME JACOB, à la baronne.

Ils le font bien encore, madame ; ils n'ont ensemble aucun commerce, et ma belle-sœur est en province.

LA BARONNE.

Quoi ! M. Turcaret n'est pas veuf ?

MADAME JACOB.

Bon ! il y a dix ans qu'il est séparé de sa femme, à qui il tait tenir une pension à Valognes, afin de l'empêcher de venir à Paris.

LA BARONNE.

Lisette !

LISETTE, à la baronne.

Par ma foi, madame, voilà un méchant homme !

MADAME JACOB.

Oh ! le ciel le punira tôt ou tard, cela ne lui peut manquer ; et j'ai déjà ouï dire dans une maison qu'il y avait du dérangement dans ses affaires.

LA BARONNE, à madame Jacob.

Du dérangement dans ses affaires ?

MADAME JACOB.

Hé ! le moyen qu'il n'y en ait pas ? C'est un vieux fou qui a toujours aimé toutes les femmes, hors la sienne ; il jette tout par les fenêtres dès qu'il est amoureux ; c'est un panier percé.

LISETTE, bas, à elle-même.

A qui le dit-elle ? Qui le sait mieux que nous ?

MADAME JACOB.

Je ne sais à qui il est attaché présentement ; mais il a toujours quelque demoiselle qui le plume, qui l'attrape ; et il s'imagine les attraper, lui, parce qu'il leur promet de les épouser. N'est-ce pas là un grand sot ? Qu'en dites-vous, madame ?

LA BARONNE, déconcertée.

Oui, cela n'est pas tout à fait...

MADAME JACOB.

Oh ! que j'en suis aise! il le mérite bien, le malheureux !
il le mérite bien. Si je connaissais sa maîtresse, j'irais lui
conseiller de le piller, de le manger, de le ronger, de
l'abîmer. (A Lisette.) N'en feriez-vous pas autant, mademoiselle?

LISETTE.

Je n'y manquerais pas, madame Jacob.

MADAME JACOB, à la baronne.

Je vous demande pardon de vous étourdir ainsi de mes
chagrins ; mais quand il m'arrive d'y faire réflexion, je
me sens si pénétrée, que je ne puis me taire. Adieu,
madame, sitôt que j'aurai la garniture, je ne manquerai
pas de vous l'apporter.

LA BARONNE.

Cela ne presse pas, madame, cela ne presse pas. (Madame
Jacob sort.)

LA BARONNE, à Lisette.

Eh bien, Lisette !

LISETTE.

Eh bien, madame !

LA BARONNE.

Aurais-tu deviné que M. Turcaret eût une sœur revendeuse à la toilette ?

LISETTE.

Auriez-vous cru, vous, qu'il eût eu une vraie femme en
province ?

LA BARONNE.

Le traître ! il m'avait assuré qu'il était veuf, et je le
croyais de bonne foi.

LISETTE.

Ah ! le vieux fourbe !... Mais qu'est-ce donc que cela ?
qu'avez-vous ? Je vous vois toute chagrine ; merci de ma
vie ! vous prenez la chose aussi sérieusement que si vous
étiez amoureuse de M. Turcaret.

LA BARONNE.

Quoique je ne l'aime pas, puis-je perdre sans chagrin
l'espérance de l'épouser ? Le scélérat ! il a une femme ! Il
faut que je rompe avec lui.

LISETTE.

Oui ; mais l'intérêt de votre fortune veut que vous le
ruiniez auparavant. Allons, madame, pendant que nous le
tenons, brusquons son coffre-fort, saisissons ses billets,
mettons M. Turcaret à feu et à sang ; rendons-le enfin si
misérable, qu'il puisse un jour faire pitié même à sa femme,
et redevenir frère de madame Jacob.

Le cinquième acte est le splendide bouquet de
ce feu d'artifice dont les étincelles mordantes

atteindront toujours jusque sous l'épiderme les corsaires financiers de tous les temps.

Tous les personnages de la pièce viennent chez la baronne se heurter et se mêler dans un désopilant tourbillon : Madame Turcaret, qui se faisant passer pour comtesse, a donné galamment son portrait, à l'insu l'un de l'autre, au chevalier et au marquis ; Madame Jacob, stupéfaite de se rencontrer avec sa belle-sœur ; M. Turcaret ahuri de trouver chez sa maîtresse, sa sœur, et « qui pis est » sa femme ! le chevalier cherchant à mettre le holà entre tous ces gens prêts à s'arracher les yeux ; le marquis attisant, au contraire, le feu avec une malice et une urbanité toute de gentilhomme ; Frontin, accourant quelques minutes après la sortie de M. Turcaret, et annonçant qu'un caissier cautionné par le traitant a fui en emportant deux cent mille écus (de l'actualité, vous dis-je !) Le traitant lui-même vient d'être arrêté par ses créanciers déjà prévenus.

Mais un traitant expiré, un autre va prendre sa place ; c'est une marchandise qui ne manque jamais, écoutez plutôt Frontin :

FRONTIN.

Nous envisagions le plaisir de le ruiner ; mais la justice est jalouse de ce plaisir-là ; elle nous a prévenus.

LE MARQUIS, à Frontin.

Bon ! bon ! il a de l'argent de reste pour se tirer d'affaire.

FRONTIN, au marquis.

J'en doute ; on dit qu'il a follement dissipé des biens immenses ; mais ce n'est pas ce qui m'embarrasse à présent. Ce qui m'afflige, c'est que j'étais chez lui quand ses associés y sont venus mettre garnison.

LE CHEVALIER, à Frontin.

Eh bien ?

FRONTIN, au chevalier.

Eh bien, monsieur, ils m'ont aussi arrêté et fouillé, pour voir si par hasard je ne serais point chargé de quelque papier qui pût tourner au profit des créanciers. Ils se sont saisis, à telle fin que de raison, du billet de madame, que vous m'aviez confié tantôt.

LE CHEVALIER.

Qu'entends-je ? juste ciel !

FRONTIN.

Ils m'en ont pris encore un autre de dix mille francs que M. Turcaret avait donné pour l'acte solidaire, et que M. Furet venait de me remettre entre les mains.

LE CHEVALIER.

Eh ! pourquoi, maraud, n'as-tu point dit que tu étais moi ?

FRONTIN.

Oh ! vraiment, monsieur, je n'y ai pas manqué : j'ai dit que j'appartenais à un chevalier ; mais quand ils ont vu les billets, ils n'ont pas voulu me croire.

LE CHEVALIER, à lui-même

Je ne me possède plus, je suis au désespoir.

La scène se vide rapidement, Frontin et Lisette restent seuls :

LISETTE.

Et nous, Frontin, quel parti prendrons-nous ?

FRONTIN.

J'en ai un à te proposer. Vive l'esprit, mon enfant ! Je viens de payer d'audace ; je n'ai point été fouillé.

LISETTE.

Tu as les billets ?

FRONTIN.

J'en ai déjà touché l'argent, il est en sûreté ; j'ai quarante mille francs. Si ton ambition veut se borner à cette petite fortune, nous allons faire souche d'honnêtes gens.

LISETTE.

J'y consens.

FRONTIN.

Voilà le règne de M. Turcaret fini ; le mien va commencer.

Le rideau tombe sur ce coup d'assommoir.

La dernière reprise de cette comédie eut lieu, ainsi que nous l'avons dit, au Théâtre-Français en 1872. Les comédiens avaient eu la malencontreuse idée de représenter, au lever du rideau et à la fin, un prologue et une critique, sortes de hors-d'œuvre composés par Lesage pour apprendre au public qu'il ne visait dans sa pièce que les traitants de mauvais aloi, et point du tout les financiers irréprochables; il lui avait fallu se résoudre à cette concession pour triompher de la résistance de trop d'intérêts ligués contre lui. Mais à notre époque, ces deux superfétations pouvaient très bien être supprimées. Le prologue prépare mal l'action, et la critique finale jette un froid subit sur le spectateur qui ne demanderait pas mieux que de s'en aller sur la splendide impression du cinquième acte.

En même temps que *Turcaret*, Lesage avait fait recevoir à la Comédie Française une pièce en un acte, la *Tontine*. Cette petite comédie n'a de financier que le titre; malgré quelques traits vifs et spirituels, elle est loin de valoir son pendant, *Crispin rival de son maître*. On peut, toutefois, supposer que Beaumarchais a puisé dans cette œuvre médiocre quelques réminiscences pour son immortel *Barbier de Séville*: nous renvoyons à la lecture de l'une et de l'autre pièce le lecteur curieux de saisir les ressemblances.

Nous ne citons la *Tontine* que comme une occasion de rappeler que Lesage, froissé des procédés des comédiens dans les intrigues qui s'étaient nouées autour de *Turcaret*, retira ce petit acte qui ne fut joué qu'en 1732. Cette brouille malheureuse a, sans aucun doute, privé notre littérature dramatique de plusieurs chefs-d'œuvre. Ils ont, il est vrai, été remplacés par *Gil Blas*, et par de nombreuses fantaisies pour le théâtre de la Foire, fantaisies bizarres, souvent burlesques, généralement considérées comme l'origine de l'opéra-comique.

L'on pourrait croire que Lesage, à l'instar de Molière revenant plus d'une fois à la charge contre les médecins, se donna souvent encore, dans ses pièces nouvelles, la satisfaction de crosser les financiers ; il n'en est rien. Les aiguillons de sa malice se tournèrent contre la Comédie Française et la Comédie Italienne, dont les démêlés avec la Foire, lui ont fourni des sujets allégoriques plaisamment traités et qui se lisent encore aujourd'hui avec agrément.

L'unique couplet où il soit parlé de coureurs de porte-monnaie est adressé par Arlequin, dans l'île de Serendib, à un brave Maure qui vient de lui enlever sa bourse :

> Cette bourse porte malheur ;
> Elle me vient d'un procureur,
> Et va de voleur en voleur :
> Craignez, Monsieur, que la Justice
> A son tour ne vous la ravisse.

Aujourd'hui la justice ne vole plus les voleurs ; mais il serait téméraire de prétendre qu'elle accorde toujours sa protection aux volés.

MERCADET

Les financiers ne furent remis en scène que plus d'un siècle après par Balzac, dans sa comédie de *Mercadet*, fille en droite ligne de *Turcaret*. Moins heureux que Lesage, il ne put réussir à faire jouer sa pièce. C'est décidément une vaste et terrible puissance que la finance malhonnête. En présence des déboires essuyés par tous ceux qui ont entrepris de la fustiger, on se demande si le trait de Voltaire dans *Zadig*, relatant au grand désavantage de la nature humaine que sur soixante-quatre postulants à la charge de Ministre des Finances près du roi Nabussan, il y avait « soixante-et-trois filous », on se demande, dis-je, si ce trait n'est pas une sanglante vérité, plutôt qu'une plaisanterie originale par son apparente exagération.

La comédie de *Mercadet* n'arriva au théâtre qu'après la mort de son auteur et grâce à diverses coupures pratiquées par Dennery, qui de cinq actes la réduisit à trois. Elle fut jouée en cet état

au Gymnase, le 9 septembre 1851, et obtint un
éclatant succès. Le Théâtre Français l'accueillit
ensuite : elle y réussit non moins brillamment.

Le financier peint par Balzac n'est pas, comme
celui de Lesage, un odieux et grossier coquin :
c'est un échantillon, aussi vivant que possible, de
la monnaie courante des spéculateurs décavés de
notre époque; celui-ci a, en outre, le mérite d'être
spirituel, sensible à l'occasion, fertile en ressources
endiablées pour se tirer d'affaire fallût-il pour cela
côtoyer, en équilibriste consommé, la limite du *fas*
et du *nefas* : un seul faux-pas suffirait à le préci-
piter dans les abîmes déshonorants de la faillite et
de la correctionnelle.

Au lever du rideau, Mercadet trompé et presque
ruiné quelques années auparavant par son associé
Godeau, est aux prises avec son propriétaire qui
vient lui réclamer le paiement de ses termes
arriérés, avec menace de livrer ses meubles au
marteau du commissaire-priseur et sa personne aux
ongles des recors.

— Et vous vous êtes réveillé dès le jour, dit
Mercadet, pour causer un si violent chagrin à un
de vos semblables !

— Vous n'êtes, Dieu merci ! pas mon semblable,
monsieur Mercadet ! Vous êtes criblé de dettes, et

moi je ne dois rien ; je suis dans ma maison, et vous êtes mon locataire.

Une jolie scène entre domestiques achève de mettre le spectateur au courant de la triste situation de ce héros de la Bourse et de la spéculation louche :

JUSTIN.

Il a beau nager, il se noiera ce pauvre monsieur Mercadet ! Quoiqu'il y ait bien des profits chez les maîtres embarassés, comme il me doit une année de gages, il est temps de se faire mettre à la porte, car le propriétaire me semble bien capable de nous chasser tous. Aujourd'hui la déconsidération du maître tombe sur les domestiques. Je suis forcé de payer tout ce que j'achète !... c'est gênant...

THÉRÈSE.

Est-ce que ça ira longtemps comme ça, ici, monsieur Justin ?

VIRGINIE.

Ah ! j'ai déjà servi dans plusieurs maisons bourgeoises, mais je n'en ai pas encore vu de pareille à celle-ci ! Je vais laisser les fourneaux, et me présenter à un théâtre pour y jouer la comédie.

JUSTIN.

Nous ne faisons pas autre chose ici !

VIRGINIE.

Tantôt il faut prendre un air étonné, comme si l'on tombait de la lune, quand un créancier se présente ici. — « Comment, monsieur, vous ne savez pas?... — Non. — Monsieur Mercadet est parti pour Lyon. — Il est allé? — Oui, pour une affaire superbe ; il a découvert des mines de charbon de terre. — Ah ! tant mieux. Quand revient-il? — Mais nous l'ignorons! » Tantôt je compose mon air comme si j'avais perdu ce que j'ai de plus cher au monde...

JUSTIN, à part.

Son argent.

VIRGINIE.

— « Monsieur et sa fille sont dans un bien grand chagrin. Madame Mercadet, pauvre dame, il paraît que nous allons la perdre, ils l'ont conduite aux eaux... — Ah ! »

THÉRÈSE.

Moi je n'ai qu'une manière. — « Vous demandez monsieur Mercadet? — Oui, mademoiselle. — Il n'y est pas. — Il n'y est pas ? — Non; mais si monsieur vient pour mademoiselle... elle est seule! » Et ils se sauvent! Pauvre mademoiselle Julie, si elle était belle, on en ferait.... quelque chose.

JUSTIN.

C'est qu'il y a des créanciers qui vous parlent comme si nous étions les maitres.

VIRGINIE.

Que gagne-t-on à se faire créancier ? Je les vois tous ne jamais se lasser d'aller, venir guetter monsieur et rester des heures à l'écouter.

JUSTIN.

Un fameux métier ! Ils sont tous riches.

THÉRÈSE.

Mais ils ont cependant donné leur argent à monsieur, qui ne leur rend pas ?

VIRGINIE.

C'est voler, ça.

JUSTIN.

Emprunter n'est pas voler. Virginie, le mot n'est pas parlementaire. Écoutez je prends de l'argent dans votre sac, à votre insu, vous êtes volée. Mais si je vous dis : « Virginie, j'ai besoin de cent sous, prêtez-les moi ? » Vous me les donnez, je ne vous les rends pas, je suis gêné, je vous les rendrai plus tard ; vous devenez ma créancière ! Comprenez vous, la Picarde ?

L'auteur infortuné de la *Comédie humaine* était mieux que personne en état de définir une créance : il employa, comme on sait, toute sa vie, tout son génie, tous les fruits d'un travail immense, à payer ses dettes et à satisfaire des créanciers qui le poursuivirent jusqu'à sa mort. « Balzac fut un homme d'affaires et un homme d'affaires endetté, écrit M. Taine dans ses *Nouveaux essais de critique*. Pour devenir indépendant il se fit spéculateur, éditeur d'abord, puis imprimeur, puis fondeur de caractères. Tout manqua; il vit approcher la faillite. Après quatre ans d'angoisses, il liquida, resta chargé de dettes, et écrivit des romans pour les payer. Ce fut un poids horrible et qu'il traîna toute sa vie. De 1821 à 1836, il ne put se soutenir qu'en faisant des billets que les usuriers escomptaient et renouvelaient avec grand peine. Il fallait les amuser, les fléchir, les séduire, les fasciner. Le malheureux grand homme dut jouer bien des fois sa comédie de *Mercadet* avant de l'écrire. »

Et de fait les créanciers affluent dans la pièce: la scène de don Juan et de M. Dimanche est égalée et multipliée, avec des vérités de détails et une variété de touche qui ne révèlent que trop les études faites par l'auteur d'après nature.

« Un homme dans le malheur, fait-il dire à son héros à la fin de la première scène, ressemble à un morceau de pain jeté dans un vivier ; chaque poisson y donne un coup de dent. Et quels brochets que les créanciers !... Ils ne s'arrêtent que quand le débiteur, de même que le morceau de pain, a disparu. »

Pour sortir d'embarras, Mercadet se dispose à marier sa fille à un M. de la Brive, fort riche, à ce qu'il paraît, présenté par un ami commun. Il commande, en présence de sa femme, le repas de noces à sa cuisinière qui regimbe, car elle sait que les fournisseurs ne seront pas payés.

VIRGINIE.

Ils ne veulent plus rien fournir.

MERCADET.

Vous irez chez leurs concurrents à qui vous donnerez ma pratique et il vous donneront des étrennes.

VIRGINIE.

Et ceux que je quitte, comment les payerai-je ?

MERCADET.

Ne vous inquiétez pas de cela ! ça les regarde !

VIRGINIE.

Et s'ils me demandent leur payement, à moi ? Oh ! d'abord je ne réponds de rien....

MERCADET, à part.

Cette fille a de l'argent ! (Haut.) Virginie, aujourd'hui le crédit est toute la richesse des gouvernements ; mes fournisseurs méconnaîtraient les lois de leur pays, ils seraient inconstitutionnels et radicaux, s'ils ne me laissaient pas tranquille ! Ne me rompez donc pas la tête pour des gens en insurrection contre le principe vital de tous les états... bien ordonnés ! Mais montrez-vous ce que vous êtes : un vrai cordon bleu ! Si madame Mercadet, en comptant avec vous le lendemain du mariage de ma fille, se trouve vous devoir... je réponds de tout, moi !

VIRGINIE.

Monsieur...

MERCADET.

Allez ! je vous ferai gagner de bons intérêts, à dix francs par cent francs, tous les six mois ! c'est un peu mieux que la caisse d'épargne.

VIRGINIE.

Elle donne à peine cent sous par an.

MERCADET, à madame Mercadet.

Quand je vous le disais ! (A Virginie). Comment ! vous mettez votre argent entre des mains étrangères ? Vous avez bien assez d'esprit pour le faire valoir vous même ; et ici votre petit magot ne vous quitterait pas.

VIRGINIE, à part.

Dix francs tous les six mois ! (Haut.) Je vais faire le déjeuner. (Elle sort.)

Monsieur Mercadet a dans madame Mercadet une femme qui ne ressemble en rien à Madame Turca-

rel, Elle es t la douceur, la probité, la délicatesse
mêmes; elle souffre et gémit des moyens plus ou
moins scabreux auxquels son mari, pressé de partout, consent à avoir recours.

MERCADET, regardant Virginie qui s'en va.

Cette fille a mille écus à la caisse d'épargne... qu'elle
nous a volés; aussi maintenant pouvons-nous êtres tran-
quilles de ce côté là.

MADAME MERCADET.

Oh! Monsieur, jusqu'où descendez-vous!

MERCADET.

Je vous admire !... Vous qui avez votre petite existence
bien arrangée, qui allez presque tous les soirs au spectacle
ou dans le monde avec notre ami Méricourt, vous me...

MADAME MERCADET.

Vous l'avez prié de m'accompagner...

MERCADET.

On ne peut pas être à sa femme et aux affaires. Enfin,
vous faites la belle et l'élégante...

MADAME MERCADET.

Vous me l'avez ordonné.

MERCADET.

Certes, il le faut bien ! une femme est une enseigne pour un spéculateur... Quand à l'Opéra vous vous montrez avec une nouvelle parure, le public se dit : « les asphaltes vont bien, ou la Providence des familles est en hausse, car madame Mercadet est d'une élégance !... Voilà des gens heureux ! » Dieu veuille que ma combinaison sur les remplacements soit agréée par le ministre de la guerre, vous aurez une voiture !

MADAME MERCADET.

Croyez-vous, monsieur, que je sois indifférente à vos tourments, à votre lutte et à votre honneur ?...

MERCADET.

Eh bien ! ne jugez donc pas les moyens dont je me sers. Là, tout à l'heure, vous vouliez prendre vos domestiques par la douceur : il fallait commander, comme Napoléon brièvement.

MADAME MERCADET.

Ordonner quand on ne paye pas !

MERCADET.

Précisément ! on paye d'audace.

MADAME MERCADET.

On peut obtenir par l'affection des services qu'on refuse à....

MERCADET.

Par l'affection ! Ah ! vous connaissez bien notre époque !

Aujourd'hui, madame, tous les sentiments s'en vont, et l'argent les pousse. Il n'y a plus que des intérêts parce qu'il n'y a plus de famille, mais des individus ! Voyez ! l'avenir de chacun est dans une caisse publique ! Une fille, pour sa dot, ne s'adresse plus à une famille mais à une tontine. La succession du roi d'Angleterre était chez une assurance. La femme compte non sur son mari, mais sur la caisse d'épargne. On paye sa dette à la patrie au moyen d'une agence qui fait la traite des blancs ! Enfin tous nos devoirs sont en coupons ! Les domestiques, dont on change comme de chartes, ne s'attachent plus à leurs maîtres : ayez leur argent, il vous sont dévoués !

MADAME MERCADET.

Oh ! monsieur, vous si probe, vous si honorable, vous dites quelquefois des choses qui me...

MERCADET.

Et qui arrive à dire arrive à faire, n'est-ce pas ! Eh bien ! je ferai tout ce qui pourra me sauver, car (il tire une pièce de cinq francs), voici l'honneur moderne ! Ayez vendu du plâtre pour du sucre, si vous avez su faire fortune sans exciter de plaintes, vous devenez député, pair de France ou ministre ! Savez vous pourquoi les drames dont les héros sont des scélérats ont tant de spectateurs ? C'est que tous les spectateurs s'en vont flattés en disant : Je vaux encore mieux que ce coquin-là ... Mais moi, j'ai mon excuse. Je porte le poids du crime de Godeau ! Enfin qu'y a-t-il de déshonorant à devoir ? Est-il un seul état en Europe qui n'ait ses dettes ? Quel est l'homme qui ne meurt pas insolvable envers son père ? Il lui doit la vie et ne peut pas la lui rendre. La terre fait constamment faillite au soleil ! La vie, madame, est un emprunt perpétuel ! Et n'emprunte pas qui veut ! Ne suis-je pas supérieur à mes créanciers ? J'ai leur argent, ils attendent le mien ; je ne leur demande rien, et ils m'importunent. Un homme qui ne doit rien, mais personne ne songe à lui, tandis que mes créanciers s'intéressent à moi.

MADAME MERCADET.

Un peu trop !... devoir et payer, tout va bien : mais emprunter quand on se sait hors d'état de s'acquitter !... Je n'ose pas vous dire ce que j'en pense.

MERCADET.

Vous pensez qu'il y a là comme un commencement de...

MADAME MERCADET

J'en ai peur...

MERCADET.

Vous ne m'estimez donc plus, moi, votre...

MADAME MERCADET.

Je vous estime toujours, mais je suis au désespoir de vous voir vous consumant en efforts sans succès ; j'admire la fertilité de vos conceptions, mais je gémis d'avoir à entendre les plaisanteries avec lesquelles vous essayez de vous étourdir.

MERCADET.

Un homme mélancolique se serait déjà noyé ! Un quintal de chagrin ne paie pas deux sous de dettes... Voyons !

pouvez-vous me dire où commence, où finit la probité dans le monde commercial? Tenez!... nous n'avons pas de capital, dois-je le dire?

MADAME MERCADET.

Non certes.

MERCADET.

N'est-ce pas une tromperie? personne ne nous donnerait un sou, le sachant! Eh bien! ne blâmez donc pas les moyens que j'emploie pour garder ma place au grand tapis vert de la spéculation, en faisant croire à ma puissance financière. Tout crédit implique un mensonge! Vous devez m'aider à cacher notre misère sous les brillants dehors du luxe. Les décorations veulent des machines, et les machines ne sont pas propres!...

MADAME MERCADET

Pourvu que, dans votre détresse l'honneur soit toujours sauf, vous savez bien, monsieur, que vous n'avez pas à vous justifier auprès de moi.

MERCADET.

Vous vous apitoyez sur mes créanciers, mais sachez donc enfin que nous n'avons dû leur argent qu'à...

MADAME MERCADET.

A leur confiance, monsieur!

MERCADET.

A leur avidité! Le spéculateur et l'actionnaire se valent tous les deux, ils veulent être riches en un instant. J'ai rendu service à tous mes créanciers ; tous croient encore tirer quelque chose de moi ! Je serais perdu sans la connaissance intime de leurs passions.

Mais il faut faire face à tous les frais nécessités par le mariage qui va s'accomplir. Mercadet, criblé de dettes, n'ayant plus cent écus dans sa caisse, trouve le moyen, à force de supplications et d'ingéniosité, de faire cracher encore trois mille francs à Verdelin, l'un de ses créanciers et son compagnon de jeunesse.

Cependant Méricourt introduit le futur, M. de la Brive. Ils sont seuls au salon.

MÉRICOURT.

Enfin mon cher, te voilà dans la place et tu vas être bientôt officiellement le prétendu de mademoiselle Mercadet. Conduis bien ta barque, le père est un finaud.

DE LA BRIVE.

Et c'est ce qui m'effraye ! il sera difficile.

MÉRICOURT.

Je ne crois pas. Mercadet est un spéculateur. Riche aujourd'hui, demain il peut se trouver pauvre. D'après le peu que sa femme m'a dit de ses affaires, je crois qu'il est enchanté de mettre une portion de sa fortune sous le nom de sa fille, et d'avoir un gendre capable de l'aider dans ses conceptions.

DE LA BRIVE.

C'est une idée ! elle me va ; mais s'il voulait prendre trop de renseignements ?

MÉRICOURT.

J'en ai donné d'excellents à madame Mercadet... Une femme de quarante ans, mon cher, croit tout ce que lui dit celui qui la comble de soins...

Le gendre de Mercadet s'appelle — c'est lui-même qui le dit — Michonnin pour les huissiers, et de la Brive pour le monde élégant. Il est décavé, le malheureux ! plus encore peut-être que son futur beau-père. Pour continuer à vivre dans le luxe, il ne compte plus sur « une anglaise, une aimable douairière, un potose amoureux », espèce désormais perdue. Il ne compte pas davantage sur le jeu, qui « n'est une ressource certaine que pour certains chevaliers, et il n'est pas assez fou pour risquer le déshonneur contre quelques gains qui toujours ont leur terme. »

Je le vois ! poursuit-il, le plus court chemin pour amasser du bien, c'est encore de travailler... Mais... notre malheur à nous autres, est de nous sentir aptes à tout et de n'être en définitive bons à rien ! Un homme comme moi, capable d'inspirer des passions et de les justifier, ne peut pas être commis, ni soldat. La société n'a pas créé d'emploi pour nous. Eh bien ! je ferai des affaires avec Mercadet. C'est un des plus grands faiseurs. A nous deux nous remuerons le monde commercial. Tu es bien sûr qu'il ne peut pas donner moins de cent cinquante mille francs à sa fille ?

MÉRICOURT.

Mon cher, d'après la tenue de Madame Mercadet... enfin... tu la vois à toutes les représentations, aux Bouffes à l'Opéra, elle est d'une élégance !

DE LA BRIVE.

Mais, je suis assez élégant, et je n'ai...

MÉRICOURT.

C'est vrai, mais vois... tout annonce ici l'opulence oh ! ils sont très bien !

DE LA BRIVE.

C'est la splendeur bourgeoise... du cossu, ça promet...

MÉRICOURT.

Puis la mère a des principes solides ! à quarante ans, elle a des scrupules ! Depuis dix-huit mois je n'ai rien vu dans sa conduite qui ne soit très convenable. As-tu le temps de conclure ?

DE LA BRIVE.

Je me suis mis en mesure. J'ai gagné hier au club de quoi faire les choses très bien pour la corbeille ; je donnerai quelque chose et je devrai le reste...

Donc il est, lui aussi, criblé de dettes cet élégant Michonnin : sans compter ce qu'il doit à Méricourt, il a cent cinquante mille francs... qu'on lui réclame. Il espère que Mercadet réduira sa dette à cinquante mille, et n'a-t-il pas « la terre de la Brive? trois mille arpents de terre dans les Landes, qui vaut trente mille francs, hypothéquée de quarante-cinq mille, et qui peut se mettre en actions pour en extraire n'importe quoi, au chiffre de cent mille écus?... » Bien que, d'après Méricourt, il faille « être arrivé au dernier degré du désespoir pour se marier », de la Brive est décidé à commettre ce suicide, « d'autant plus, dit-il, que je veux être un homme politique. »

MÉRICOURT.

Au fait tu es bien assez habile pour cela.

DE LA BRIVE.

Je serai d'abord journaliste.

MÉRICOURT.

Toi qui n'a pas écrit deux lignes.

DE LA BRIVE.

Il y a les journalistes qui écrivent et ceux qui n'écrivent point. Les uns, les rédacteurs sont les chevaux qui trainent la voiture, les autres. les propriétaires sont les entrepreneurs, ils donnent aux uns de l'avoine, et gardent les capitaux. je serai propriétaire. On se pose dans sa cravate ! On dit : « La question d'Orient... question très grave, question qui nous mènera loin et dont on ne se doute pas! » On résume une discussion en s'écriant : « L'Angleterre, monsieur, nous jouera toujours! » Ou bien on répond à un monsieur qui a parlé longtemps et qu'on n'a pas écouté : « Nous marchons à un abîme. Nous n'avons pas encore accompli toutes les évolutions de la phase révolutionnaire! » A un ministériel : « Monsieur, je pense que sur cette question il y a quelque chose à faire. » On parle fort peu, on court, on se rend utile, on fait les démarches qu'un homme au pouvoir ne peut pas faire lui-même... On est censé donner le sens des articles... remarqués!.. Et puis s'il le faut absolument... eh bien ! l'on trouve à publier un volume jaune sur une utopie quelconque, si bien écrit, si fort, que personne ne l'ouvre, et que tout le monde dit l'avoir lu! On devient alors un homme sérieux, et l'on finit par se trouver quelqu'un au lieu d'être quelque chose.

MÉRICOURT.

Hélas! ton programme a souvent eu raison de notre temps.

DE LA BRIVE.

Mais nous en voyons d'éclatantes preuves! Pour vous appeler au partage du pouvoir, on ne vous demande pas aujourd'hui ce que vous pouvez faire de bien, mais ce que vous pouvez faire de mal! Il ne s'agit pas d'avoir des talents, mais d'inspirer la peur. On est très craintif en politique, à cause des tas de linge sale qu'on a dans des petits coins et qu'on ne peut pas blanchir... Je connais parfaitement notre époque. En dînant, en jouant, en faisant des dettes, je faisais mon cours de droit politique ; j'étudiais les petits coins : aussi, le lendemain de mon mariage, aurai-je un air grave, profond, et des principes ! Je puis choisir. Nous avons en France une carte de principes aussi variée que celle d'un restaurateur. Je serai socialiste : le mot me plaît: A toutes les époques, mon cher, il y a des adjectifs qui sont le passe-partout des ambitions ! Avant 1789, on se disait économiste ; en 1815, on était libéral. Le parti de demain s'appelle social, peut-être parce qu'il est insocial : car en France il faut toujours prendre l'envers du mot pour en trouver la vraie signification !

MÉRICOURT.

Tu plaçais tes dissipations à gros intérêts.

DE LA BRIVE.

Tu as dit le mot.

MÉRICOURT.

Mais, entre nous, tu n'as que le jargon du bal masqué, qui passe pour de l'esprit auprès de ceux qui ne parlent pas.

DE LA BRIVE.

Mon ami, dans toutes les parties, en commerce, en sciences, dans les arts, dans les lettres, il faut une mise de fonds, des connaissances spéciales, et prouver sa capacité. Mais en politique, mon cher, l'on a tout et l'on est tout avec un seul mot.

MÉRICOURT.

Lequel ?

DE LA BRIVE.

Celui-ci : — « Les principes de mes amis... L'opinion à laquelle j'appartiens. » — Cherchez !

L'une des scènes les plus réussies et les plus... édifiantes de cette excellente comédie est assurément celle où, en présence de Méricourt, le futur gendre et le futur beau-père lient connaissance et concluent leurs arrangements :

DE LA BRIVE.

Monsieur, je possède pour toute fortune la terre de la Brive : elle est dans ma famille depuis cent cinquante ans, et n'en sortira jamais, je l'espère.

MERCADET..

Aujourd'hui peut-être vaut-il mieux avoir des capitaux. Les capitaux sont sous la main. S'il éclate une révolution, et nous en avons vu bien des révolutions, les capitaux nous suivent partout; la terre, au contraire, la terre paye alors pour tout le monde; elle reste-là comme une sotte à recevoir les impôts, tandis que le capital s'esquive. Mais ce ne sera pas un obstacle. Quelle est son importance ?

DE LA BRIVE.

Trois mille arpents, sans enclaves...

MERCADET.

Sans enclaves ?...

MÉRICOURT.

Que vous ai-je dit ?

MERCADET.

Monsieur!...

DE LA BRIVE.

Un château...

MERCADET.

Monsieur!...

DE LA BRIVE.

Des marais salants qu'on pourrait exploiter dès que l'administration voudra le permettre, et qui alors donneraient des produits énormes!...

MERCADET.

Monsieur!... pourquoi nous sommes-nous connus si tard!... Cette terre est donc au bord de la mer ?...

DE LA BRIVE.

A une demi-lieue.

MERCADET.

Elle est située ?...

MÉRICOURT.

Près de Bordeaux...

MERCADET.

Vous avez des vignes?...

DE LA BRIVE.

Non, monsieur, non heureusement, 'car on est très embarrassé de placer ses vins ; et puis la vigne veut tant de frais... Elle fut plantée en pins par mon grand-père, homme de génie, qui eut l'esprit de se sacrifier à la fortune de ses enfants... Ah ! j'ai le mobilier que vous me connaissez...

MERCADET.

Monsieur, un moment ! Un homme d'affaires met les points sur les *i*... Vos terres, vos marais, car je vois tout le parti qu'on peut tirer de ces marais ! On peut former une société en commandite pour l'exploitation des marais salants de la Brive ! Il y a là plus d'un million, monsieur !

DE LA BRIVE.

Je le sais bien, monsieur; il ne s'agit que de se le faire offrir

MERCADET, à part.

Voilà un mot qui révèle une certaine intelligence... Avec des protections, et on les achète, nous pourrons faire des salines. Je suis sauvé !

De la Brive cependant avoue une partie de ses dettes : sa terre est hypothéquée de quarante-cinq mille francs, et puis quelque autre petite chose... des misères...

MERCADET.

Une cinquantaine de mille francs ?

MÉRICOURT.

A peu près...

DE LA BRIVE.

A peu près...

MERCADET.

Ce sera comme un petit vaudeville à jouer entre votre femme et vous; oui, laissez-lui le plaisir de... D'ailleurs, nous les payerons... (A part.) En actions des Salines de la Brive. (Haut.) C'est une misère! (A part.) Nous évaluerons l'étang cent mille francs de plus... Je suis sauvé !

DE LA BRIVE.

Je suis sauvé...

Or, mademoiselle Julie Mercadet est aimée, quoique laide, d'Adolphe Minard, modeste employé d'un banquier connu de son père, et elle paie de retour l'affection sincère dont elle est l'objet. Voulant éprouver La Brive, elle se hâte de le mettre au courant de la vraie situation du financier. Celui-ci, de son côté, apprend que le prétendant sur lequel il avait compté pour rétablir ses affaires est ruiné de fond en comble. D'où la scène suivante :

MERCADET, à part.

Trompé comme à la Bourse! par Méricourt, l'ami de ma femme! C'est à ne plus se fier à Dieu!...

DE LA BRIVE, à part.

Soyons digne de nous-même !...

MERCADET, à part.

Il y a de la légèreté dans son fait. Prenons-le de haut: Haut) Monsieur Michonnin, votre conduite est plus que blâmable...

DE LA BRIVE.

En quoi, monsieur? Ne vous ai-je pas dit que j'avais des dettes?

MERCADET.

Soit. On peut avoir des dettes; mais où est située votre terre ?

DE LA BRIVE.

Dans les Landes.

MERCADET.

Elle consiste?

DE LA BRIVE.

En sables... plantés de sapins ..

MERCADET.

De quoi faire des cure-dents !

DE LA BRIVE.

A peu près.

MERCADET.

Cela vaut ?

DE LA BRIVE.

Trente mille francs.

MERCADET.

Et c'est hypothéqué de...

DE LA BRIVE.

Quarante-cinq mille.

MERCADET.

Vous avez eu ce talent là ?...

DE LA BRIVE.

Oui.

MERCADET.

Peste ! ce n'est pas maladroit ; et vos marais ?...

DE LA BRIVE.

Touchent à la mer.

MERCADET.

Ainsi, c'est tout bonnement l'océan?

DE LA BRIVE.

Les gens du pays ont eu la méchanceté de le dire, et mes emprunts se sont arrêtés net.

MERCADET.

Il est très difficile de mettre la mer en actions.

DE LA BRIVE.

Oh! ce n'est pas la mer à boire!...

MERCADET.

Non, mais à faire avaler? Monsieur, entre nous, votre moralité me semble...

DE LA BRIVE.

Assez!

MERCADET.

Hasardée!...

DE LA BRIVE.

Oh ! monsieur, si ce n'est qu'entre nous...

MERCADET.

Vous mettez, d'après une note que j'ai vue sur certains dossiers, tout votre mobilier sous le nom d'un ami, vous signez vos lettres de change Michonnin, et vous ne portez que le nom de La Brive.

DE LA BRIVE.

Eh bien ! monsieur, après?

MERCADET.

Après ?... On peut vous faire un fort méchant parti.

DE LA BRIVE.

Monsieur, n'allez pas trop loin, je suis votre hôte...

MERCADET.

Vous vouliez, à l'aide de ces subterfuges, entrer dans une famille respectable, y abuser de la confiance d'un père et d'une mère... Vous avez feint d'aimer ma fille... (A part. On peut exp'oiter ce garçon-là ; il a de la tenue, il est élégant, spirituel... (Haut.) Vous êtes une...

DE LA BRIVE.

Ne dites pas le mot, il vous coûterait la vie...

MERCADET.

La vie! Vous êtes mon hôte, monsieur...

DE LA BRIVE.

Après tout, monsieur, votre fille avait-elle une dot?

MERCADET.

Monsieur?...

DE LA BRILE, à part.

Je le vaux bien, et je suis le plus fort. (Haut.) Oui, monsieur, aviez-vous deux cent mille francs?...

MERCADET.

Les vertus de ma fille...

DE LA BRIVE.

Ah! vous n'aviez pas deux cent mille francs?... Et moi, j'engageais ma précieuse liberté! Ne suis-je pas un capital? Vous vouliez escroquer un gendre?...

MERCADET.

Le mot est fort.

DE LA BRIVE.

Vous le méritez...

MERCADET, à part.

Il a de l'aplomb !...

DE LA BRIVE.

Et, je le vois, vous abusiez de mon inexpérience. Je pourrais aussi me plaindre.

MERCADET.

L'inexpérience d'un homme qui emprunte sur des sables une somme de soixante pour cent au delà de leur valeur !...

DE LA BRIVE.

Avec du sable, on fait du cristal.

MERCADET.

C'est une idée !

DE LA BRIVE.

Vous voyez, monsieur, que nos moralités se ressemblent ! Monvement de Mercadet.) Ah ! entre nous...

MERCADET, à part.

Je vais l'aplatir ! (Haut.) C'est ce qui vous trompe, monsieur : vous êtes mon débiteur, et je vous tiens. Ah ! j'ai sur vous pour quarante-huit mille francs de lettres de

chauge, intérêts et frais, à moi cédés par Pierquin, et je
puis vous faire coffrer pendant cinq ans.

DE LA BRIVE..

Je serais alors votre hôte.

MERCADET.

Ah! vous le prenez sur ce ton-là! Mais vous vous
moquez donc de votre dette, de votre signature?

DE LA BRIVE.

Et vous?

MERCADET, à part.

Voilà mon affaire! (Haut.) Dans quelle situation êtes-vous
là, vraiment?

DE LA BRIVE.

Désespérée... Méricourt me marie parce que je lui dois
trente mille francs au delà de la valeur de mon mobilier.

MERCADET.

Compris. Je ne m'amuserai pas à vous faire de la
morale... Vous aimeriez un billet de mille?...

DE LA BRIVE.

Oh! soyez mon beau-père!...

MERCADET.

Non; nos deux misères feraient une trop grande pauvreté; mais écoutez-moi...

Une combinaison avortée, le génie inventif de Mercadet lui en suscite aussitôt une autre. Il prend la résolution de faire croire au retour mystérieux de Godeau : de la Brive, déguisé, emmitouflé comme un malade, se laissera voir au besoin de dos et de profil, et passera pour le Nabab revenu des Indes ; le crédit de Mercadet sera remis du coup ; l'argent du public affluera de nouveau à sa caisse. Il y a l'affaire des mines de la Basse-Indre, qu'il a contribué à tuer pour obliger Verdelin celui de ses créanciers auquel il a encore réussi à emprunter trois mille écus; cette affaire est au fond excellente ; mais il faut en exploiter la situation ; on a acheté le silence des ingénieurs dont le rapport, extrêmement favorable, paraîtra seulement en temps opportun, quand les intéressés auront recueilli presque tous les titres à vil prix. Le moment est venu, Mercadet vient d'adresser aux journaux une lettre des ingénieurs qui expose l'affaire sous son vrai jour : une hausse énorme va se produire à l'ouverture de la Bourse. Vingt-quatre heures de répit, et Mercadet, remontant sur l'eau à formidables coup de nageoires, redevient l'un des dieux de la spéculation.

Malheureusement madame Mercadet instruite de ce qui se prépare se jette à la traverse. Escortée de ces deux fantômes, l'honneur et la probité, elle rompt toutes les ficelles, et replonge plus que jamais son infortuné mari dans les abîmes de la vertu.

Mais, bonne fortune incroyable, et à laquelle Mercadet n'ajoute foi que le dernier, voilà que Godeau revient pour de bon du fond des Indes, apportant des ressources immenses en valeurs et en espèces, et restituant à Mercadet et le capital qu'il lui enleva dix ans auparavant et une part des bénéfices proportionnée à ce capital !

Rentré en possession de tous ses biens, Mercadet renonce à la Bourse : assez d'émotions, assez de tempêtes où tout faillit être englouti, honneur, aisance, sécurité et bonheur domestique. Le « Faiseur.» (premier titre de la comédie de Balzac) se retirera désormais pour vivre tranquillement tantôt à la ville, tantôt à la campagne, et mariera sa fille à son brave et dévoué Minard devenu riche de son côté.

Comme œuvre littéraire, cette pièces en cinq actes ne vaut pas *Turcaret*; réduite à trois, elle s'en rapproche, et l'égale au point de vue purement financier.

Les vices et les dangers d'une spéculation qui ne connaît point de limites y sont mis en lumière avec une vivacité et un esprit intarissables, et l'émotion, qui fait défaut dans *Turcaret*, éclate dans *Mercadet* à travers le pétillement de l'esprit, grâce aux personnages de madame Mercadet, de Julie et de Minard, un peu trop sacrifiés dans la réduction en trois actes.

Cette œuvre dramatique, la seule de Balzac qui puisse affronter la rampe, méritait bien d'être représentée intégralement. Cela se fera peut-être quand les Comédiens consentiront à reconnaître que tous les financiers ne sont pas forcément des Mercadets non plus que des Turcarets ; que beaucoup d'entre ceux qui vont à la Bourse seront les premiers à rire et à applaudir ; et quand aussi l'on découvrira parmi les sociétaires une pensionnaire assez dévouée pour ne pas craindre de s'enlaidir sous les traits de la tendre, mais peu séduisante Julie.

De tout temps l'argent d'autrui a été chose facile à convoiter et demeurant volontiers entre les doigts de ceux qui se sont donné pour mission de l'attirer. Il y aurait un bien gros volume à faire si l'on voulait recueillir tous les traits des financiers qui ont eu, de siècle en siècle, le privilège d'édifier et d'exploiter la galerie.

Je me bornerai, pour clore cette courte étude, à en relater un très ancien, qui prouve une fois de plus qu'il n'y a rien de nouveau sous le soleil; que les hommes ont été jadis ce qu'ils sont aujourd'hui, ce qu'ils seront longtemps encore pour ne pas dire toujours ; et que si au temps d'Athènes et de Rome, la Bourse avait été inventée, les grands ancêtres de l'espèce humaine n'auraient, en fait d'imaginations financières, absolument rien laissé à découvrir à leurs successeurs.

La chose arriva, raconte Cicéron (pardonnez-moi, ô mes contemporains, cet hérétique et malsonnant retour aux temps antédiluviens; sous le moisi du plat que je vous sers, vous trouverez peut-être encore quelque piquant) la chose arriva à un certain Canius, de l'ordre des chevaliers, personnage quelque peu lettré et qui ne manquait ni d'esprit ni de distinction. Il s'était retiré à Syracuse pour y vivre dans le repos et l'oisiveté. Il exprimait souvent son intention d'acheter quelque maison de campagne entourée de jardins, où il pourrait rassembler ses amis et passer d'agréables loisirs loin des visites et des importunités de la ville.

Le bruit en arriva aux oreilles d'un banquier de Syracuse nommé Pythius, grec d'origine, qui vit le nouveau débarqué, et avec une urbanité charmante lui dit qu'il possédait une villa ; que malheureusement elle n'était pas à vendre ; il s'empressait néanmoins de la mettre à sa disposition.

—Occupez-la quand bon vous semblera et usez-en comme si vous étiez chez vous. Faites mieux, venez m'y voir demain, et procurez-moi d'abord le plaisir d'y accepter à dîner.

— Avec empressement, répondit le chevalier, ravi de tant d'amabilité.

En sa qualité de banquier, Pythius jouissait d'une grande influence dans tous les rangs de la population. Il fait venir les pêcheurs et leur demande d'aller le lendemain immerger leurs filets devant sa propriété.

A l'heure dite, Canius se présente : table splendide, vrai festin de financier. En face, la mer couverte de barques. Chaque pêcheur apportait ce qu'il avait pris, les poissons s'amoncelaient aux pieds de Pythius.

—Qu'est-ce à dire ? fit Canius émerveillé. Que de poissons ! Que de bateaux ! De grâce Pythius, expliquez-moi cela ?

— Qu'y a-t-il là d'extraordinaire ? répond l'autre. Tout le poisson de Syracuse se prend en cet endroit; c'est ici que chacun vient faire sa provision d'eau. Le pays ne pourrait vivre sans cette villa !

Canius alléché, brûle de devenir acquéreur d'une propriété si avantageusement située, et presse Pythius de la lui vendre. Celui-ci résiste : ce qui est bon à vendre est bon à conserver. Canius revient à la charge et fait tant qu'il l'emporte.

Regorgeant de richesses et avide de nouveaux bénéfices, notre homme donne tous les prix qu'on lui demande; il achète maison, jardins, mobilier : marché conclu.

— Or ça, pendons la crémaillère ! le jour même, ce serait diffficile, mais demain.

Canius invite ses amis. Pythius avait à faire. Le nouveau propriétaire accourt de bonne heure; pas une voile à l'horizon. Il s'adresse à un voisin.

— C'est donc fête aujourd'hui pour les pêcheurs, que je ne vois aucune barque ?

— Fête aujourd'hui? point que je sache ! aucun pêcheur n'a l'habitude de venir dans ces parages. Aussi j'étais hier stupéfait, et je me demandais quel accident avait pu arriver.

Fureur de Canius.

Qu'eût-il pu faire? ajoute philosophiquement l'auteur du *De officiis;* en ce temps-là il n'existait pas encore de lois répressives de pareilles friponneries.

Sommes-nous mieux partagés, à Paris, en l'an de grâce 1882? C'est ce que nous allons finir d'examiner dans un dernier chapitre.

DE LA JURISPRUDENCE

EN MATIÈRE D'OPÉRATIONS DE BOURSE

DE LA JURISPRUDENCE

EN MATIÈRE D'OPÉRATIONS DE BOURSE

———

J'ai avancé, en narrant mes infortunes (voir chapitre XXVI), que les jugements des magistrats en matière d'opérations de Bourse vous rendaient blanc ou noir, non pas selon des règles fixes et précises, déterminées par un texte de loi, mais selon l'interprétation capricieuse d'une jurisprudence aussi variable que celle dont, il y a deux siècles et demi, se plaignait Pascal.

J'achèverai ma démonstration et fermerai ce volume en rassemblant ici, comme en un bouquet, les arrêts les plus remarquables prononcés çà et là depuis dix ans et recueillis soigneusement dans les tables de Dalloz.

I

« Le banquier qui, après avoir, sur l'ordre d'un client, vendu des valeurs à terme et obtenu un premier report, a pris l'opération à son compte au moyen d'un report à son nom, n'est pas fondé à réclamer la différence au client. — (*Grenoble*, 1er *avril* 1870). »

« Et ce dernier a le droit de se faire restituer les titres par lui donnés en couverture au banquier. — (*Même arrêt*). »

M. le commissaire de police Lambquin (voir chap. XVII) avait établi dans son rapport que mon Neuburger, ayant traité mes opérations à terme chez un agent de change, les avait faites toutes sous son nom personnel : il avait donc pris ces opérations à son compte et effectué les reports sous un autre nom que le mien. Aux termes de l'arrêt des magistrats de Grenoble, il aurait dû être condamné à me restituer mes valeurs. Les magistrats de Paris ont été d'un avis opposé.

II

« Sont valables les opérations dans lesquelles le même individu prend à la fois la position d'acheteur et de vendeur : peu importe que le marché n'ait été contracté qu'en vue d'une spéculation, que l'acheteur n'ait traité que dans l'intention de revendre, même avant le terme de la prise de livraison, et qu'il n'ait jamais eu, dans sa fortune, des ressources suffisantes pour en payer le prix. — (*Toulouse*, 30 *juin* 1874). »

« En conséquence, est va'able et obligatoire la transaction intervenue entre les spéculateurs et le commissionnaire en fonds publics relativement aux opérations de bourse de cette nature faites par son intermédiaire. — *(Même arrêt)*. »

Voilà donc un arrêt qui établit, aussi nettement

que possible, la légalité des opérations de Bourse à terme : il n'est pas permis après cela de les considérer comme jeux.

Oui, mais écoutez cet autre carillon :

« Des spéculations de Bourse qui, en raison de leur nature, de leur nombre, de leur enchaînement, et aussi de leur disproportion avec les ressources de celui pour le compte duquel elles sont faites, ne peuvent se solder, en liquidation, que par des paiements de différences, constituent des opérations de jeu.

« (*Limoges*, 12 *décembre* 1868. — *Besançon*, 16 *mars* 1869. — *Paris*, 11 *février* 1870.) »

Et ces deux-ci, gens de Bourse et pauvres clients , voyons si vous pourrez les mettre d'accord ?

« Lorsque les opérations de Bourse ont été faites pour le compte d'un individu agissant dans les limites de sa fortune et qui, jusque-là, s'est comporté comme un spéculateur sérieux, l'action de l'agent de change ne peut être écartée par l'exception de jeu.

« (*Lyon*, 2 *avril* 1870.) »

« Peu importe que l'agent de change, à raison de l'état de fortune de son client, ait dû croire que ce dernier pouvait remplir ses engagements : les tribunaux doivent, même d'office, déclarer non recevables les demandes intentées par l'agent de change qui a prêté son ministère.

« (*Paris*, 13 *mai* 1873.) »

!!!

III

L'arrêt suivant de la Chambre des requêtes, me ramène à mon Neuburger :

« Lorsqu'un banquier a accepté le mandat d'acheter des actions à la Bourse et de les faire déporter et reporter dans certaines circonstances de baisse ou de hausse, et qu'au lieu de faire acheter ces actions par l'entremise d'un agent de change, il s'est livré à des opérations fictives pour présenter à son mandant des comptes mensongers dans lesquels il s'est constitué son créancier, ces opérations sont nulles et non opposables au mandant, lors même que le banquier offrirait de livrer les actions demandées ; ces opérations étant entachées d'une nullité d'*ordre public*, ne sont pas susceptibles de ratification par le mandant,

« (*Rèq.*, 9 *mai* 1870.) »

C'est sans doute, en se basant sur cet arrêt que M. Magnin, expert-comptable, ayant découvert la fausseté et le mensonge des opérations, soi-disant faites par Neuburger pour mon compte en avril 1875, reconnut que le règlement avait été opéré entre nous à la liquidation du 2 avril. On a vu comme quoi, la Cour d'appel de Paris (2e chambre) présidée par M. Bérard des Glajeux fut d'un avis contraire.

Un autre arrêt absolument identique, de la Cour de Limoges, se trouve aussi infirmé par la même Cour d'appel, même chambre, même président :

« Les sommes d'argent remises à titre de couverture, par un joueur à la Bourse, au banquier auquel il a recours pour ses opérations, constituent un paiement non sujet à répartition ; mais le banquier doit, pour conserver les couvertures remises entre ses mains, justifier, par la production de bordereaux des agents de change, des opérations qu'il allègue.

« (*Limoges*, 12 *décembre* 1868.) »

IV.

Poursuivons :

« Le fait d'un individu qui a fait des opérations de jeux de bourse d'avoir réglé les différences mises à sa charge au moyen d'un effet, non pas souscrit par lui à cette intention, mais qu'il tenait d'un tiers et qu'il a endossé au gagnant, constitue un paiement définitif, et non un simple engagement de payer ; dès lors, s'il est actionné à raison de cet effet, à défaut de paiement à l'échéance par le souscripteur, il ne peut opposer l'exception relative aux dettes de jeu.

« (*Tribunal de commerce de la Seine*, 2 *avril* 1870.) »

Le fait d'un banquier d'avoir, d'après les ordres de son client, acheté des titres au comptant avec les produits d'opérations de Bourse réalisés par ce client, pouvait, sans outrage pour la logique, être reconnu comme un paiement aussi valable que celui du billet souscrit ou endossé. La Cour d'appel de Paris (2e chambre) n'a pas été de cet avis.

V

Tout dernièrement le tribunal de police correctionnelle de Nîmes condamnait à un an de prison deux individus qui, ayant joué à la Bourse avec l'argent de leurs clients qu'ils faisaient participer à leurs opérations, terminèrent le jeu par une banqueroute.

Les deux banqueroutiers invoquèrent l'exception de jeu, et soutinrent que leurs clients « ne pouvaient se prévaloir d'opérations illégales auxquels ils avaient participés ».

Le tribunal leur donna tort, en déclarant :

« Que c'est vainement que les prévenus se prévalent de l'exception établie par l'article 1965 du Code civil sur le jeu et le pari ;

« Qu'il n'y a pas lieu de se préoccuper du point de savoir si la juridiction civile, dans l'espèce actuelle, accueillerait ou rejetterait comme irrecevable l'action en paiement que quelques créanciers pourraient exercer contre Farnarier et Crémier ;

« Qu'admettre le contraire serait contredire au principe en vertu duquel les juridictions civile et correctionnelle sont indépendantes l'une de l'autre ; qu'elles peuvent apprécier le même fait, mais sans l'envisager sous les mêmes rapports et sans en déduire les mêmes conséquences ; qu'elles ne sauraient, à moins de textes contraires et formels réunir à l'encontre l'une de l'autre les conditions constitutives de la chose jugée ;

« Que ce serait créer, en ce qui concerne la banqueroute, une question préjudicielle que la loi ne reconnaît pas. »

Et un grand nombre de journaux de reproduire cet arrêt et de s'ébaudir aux dépens des condamnés, en s'extasiant sur l'audace avec laquelle ils avaient échafaudé leur *incroyable* système de défense.

Bons journaux, qui venez de lire mon livre, vous savez ce qu'a fait mon Neuburger : condamné à l'avance par les arrêts cités plus hauts des cours de Grenoble, de Toulouse, de Limoges, et de la Chambre des requêtes de Paris, il tombait évidemment sous le coup de la police correctionnelle pour avoir, en se fondant sur toutes sortes d'opérations fictives et mensongères, dévalisé mon portefeuille que je lui avais confié.

Dans l'intérêt de la société, autant que dans le mien, je le dénonçai au parquet ; il fut renvoyé indemne, avec une vilaine note, il est vrai, mais il fut renvoyé.

Mon Neuburger, et peut-être aussi ma Neuburgère, plus heureux que leurs confrères de Nîmes, ayant échappé à la prison, en emportant mes titres et mes espèces, allèrent s'établir, 27, Chaussée d'Antin, ou s'élargit bientôt l'autre principal de la *Banque de Paris et de Bretagne.*

Mes lecteurs savent le reste, et plus d'un parmi

eux pourrait sans doute dire le nom de maintes nouvelles victimes de cette Banque.

Eh bien! si au lieu d'avoir été renvoyés indemnes par le parquet de Paris, mon Neuburger et ma Neuburgère avaient été coffrés et condamnés à me restituer mes soixante et onze mille quatre cent quatre-vingt-huit francs soixante-quinze centimes, ainsi qu'on pouvait l'espérer, en se fondant sur les arrêts de Grenoble, de Toulouse, de Limoges et de la Chambre des requêtes, croyez-vous que le mari eût pu élire domicile, Chaussée d'Antin, n° 27, fonder la *Banque de Paris et de Bretagne*, créer des journaux financiers et politiques, établir des succursales, rue Coquillière, avenue d'Orléans, à Vincennes, à Nantes et à Brest?

Evidemment non !

Or donc, sommes-nous réellement protégés par nos lois et par nos magistrats? et Ciceron ne pourrait-il redire aujourd'hui, s'il revenait parmi nous, ce que dans le temps passé il disait à propos de Canius et de Pythius !

Voici, du reste, les deux seuls articles en vigueur depuis le premier empire dans les contestations en matière de Bourse, et sur lesquels l'opinion judiciaire n'a cessé de tourner comme une toupie entre les deux yeux d'un prestidigitateur :

1695. — La loi n'accorde aucune action pour une dette de jeu ou pour le payement d'un pari.

1697. — Dans aucun cas le perdant ne peut répéter

ce qu'il a volontairement payé, à moins qu'il n'y ait eu de la part du gagnant, vol, supercherie ou escroquerie.

VI

La police, nous assure-t-on, en présence de l'effroyable crise financière que nous venons de traverser, et qui a semé parmi nous tant de ruines, la police s'est émue et veut rechercher maintenant et surveiller avec soin les maisons véreuses qui enveloppent et enserrent la Bourse, non moins que les lupanars qui entourent, près du Champ de Mars, les vastes bâtiments de l'Ecole militaire.

Il est vraiment temps ! Mais était-il nécessaire d'attendre que tant de gens se fussent noyés pour songer à leur sauver la vie, et ne vaudrait-il pas mieux édicter une fois pour toutes une loi sérieuse sur les affaires financières et les opérations de Bourse ? En voyant l'inimaginable salmigondis qui précède, d'arrêts et de jugements contradictoires, salmigondis qui fait songer involontairement à la cour du roi Pétaud et au chapitre de l'auteur des *Lettres provinciales* sur les opinions probables, n'est-il pas évident que la loi n'existe pas ou que les deux maigres articles du Code qu'on applique aux opérations de Bourse, sont ridiculement insuffisants et si élastiques, que c'est surtout en cette matière qu'éclate avec une déplorable vérité le proverbe *tot capita tot sensus* !

Au public maintenant de décider, au public livré

sans protection sérieuse aux entreprises et aux attaques de tant de corsaires qui écument aujourd'hui les mers financières, avec plus de sécurité que leurs confrères de la côte de Barbarie ne ravageaient autrefois avant l'expédition de 1830, les flots bleus de la Méditerranée.

Et aux membres de la Chambre des députés, aux membres du Sénat, aux hommes qui siègent au gouvernement, actuellement saisis de cette grave question de plusieurs côtés à la fois, à toute la représentation nationale en un mot d'entendre la voix du public, et d'inscrire au premier rang parmi les réformes à opérer une loi complète et irréprochable qui règle enfin la jurisprudence financière et soit désormais une sauvegarde pour toutes les fortunes de France.

FIN

TABLE DES MATIÈRES

FIN DE LA TABLE

Paris. — Imp. Wattier et Cⁱᵉ, 4, rue des Déchargeurs